财政部规划教材
全国财政职业教育教学指导委员会推荐教材
全国中等职业学校财经类教材

应用文写作

（第六版）

主编　宋亦佳

中国财经出版传媒集团
中国财政经济出版社

图书在版编目（CIP）数据

应用文写作／宋亦佳主编．—6 版．—北京：中国财政经济出版社，2016.12

财政部规划教材　全国财政职业教育教学指导委员会推荐教材　全国中等职业学校财经类教材

ISBN 978－7－5095－7186－6

Ⅰ．①应…　Ⅱ．①宋…　Ⅲ．①汉语－应用文－写作－中等专业学校－教材　Ⅳ．H152.3

中国版本图书馆 CIP 数据核字(2016)第 315082 号

责任编辑：陈　冰　　　　责任校对：张　凡

封面设计：构远设计

中国财政经济出版社出版

URL：http：//www.cfeph.cn

E－mail：cfeph@cfeph.cn

社址：北京市海淀区阜成路甲 28 号　邮政编码：100142

营销中心电话：88190406　北京财经书店电话：64033436　84041336

北京中兴印刷有限公司印刷　各地新华书店经销

787×1092 毫米　16 开　10.75 印张　253 000 字

2017 年 1 月第 6 版　2018 年 1 月北京第 2 次印刷

定价：26.00 元

ISBN 978－7－5095－7186－6/H·0103

（图书出现印装问题，本社负责调换）

本社质量投诉电话：010－88190744

打击盗版举报热线：010－88190492、QQ：634579818

编写 说明

本书是财政部规划教材、全国财政职业教育教学指导委员会推荐教材，作为全国中等职业学校财经类教材使用。

随着我国经济的发展，应用文的写作普及程度及写作方式都发生着较大变化。为了适应社会发展的需要，本教材编写的最基本原则就是以“用”为指导，体现实用性。所谓实用性，即中等职业学校教材的编写必须从培养目标出发、从写作教学实际出发、从学生的知识起点和接受能力出发，使应用文写作教学真正为提高学生写作能力服务，对基础理论的知识讲授注意深入浅出，扎实有用，并切实重视加强写作技能训练。写作训练目的明确，重点突出，由易而难，循序渐进，易于操作，讲求实效。整部教材力求易教易学，系统性强，具有较强的可操作性。它可供经济类学校写作教学之用，也可作一般读者自学和提高应用文写作能力的参考用书。

根据上述原则要求，本书在体例的安排上有自身的特点。第一单元是应用文的概述，主要介绍应用文的概念、特点和作用等基础知识，培养学生在应用文写作过程中思维活动的规律，把握应用文体的写作。第二单元是行政公文，第三单元是事务文书，第四单元是经济文书，主要介绍经常接触和使用的财经文书，使学生掌握必需的文化知识和专业知识，强化职业技能的写作训练。根据教育部颁布的中等职业学校专业教学标准的要求，本教材还增加了一般应用文写作教材中不涉及的经营合同、财务情况说明书、减免税申请书等财经文书的写作，使其更能满足财经商贸类专业学生的实际应用。第五单元是书信类文体，通过对这些文体的教学与训练，着重让学生掌握这些文体写作的一般规律和特殊规律，具备这些常用写作的基本能力。本教材通过应用文基础知识的讲授和应用文写作的基本训练，培养学生阅读和写作应用文的能力。在编写中，每单元按“导入”、“基础知识”、“例文分析”、“小测试”、“特别提示”、“综合练习”等部分安排内容结构。

根据专业标准的规定，本课程为72学时。学时分配情况见下表：

学时分配表

内　容	学　时
第一单元	6
第二单元	20
第三单元	10
第四单元	30
第五单元	6
合计	72

本教材由云南省财经学校宋亦佳任主编。参加本次修订的人员有：宋亦佳（第一单元）、福建省龙岩财经学校林敏（第二单元）、广东省财政职业技术学校邱冬梅（第三单元）、武汉市财政学校柳胜辉（第四单元）、云南省财经学校陈君奇（第五单元）。宋亦佳负责统稿和总纂。

本教材单元后附有综合练习，用书学校任课老师若需要单元后练习题的答案，请以电子邮件的形式向中国财政经济出版社索取，E－mail：caijingjiaocai@163. com。本教材还为任课老师制作了电子课件，如有需要，请登录如下网址下载：http：//cjjc. cfeph. cn。

本教材在编写过程中总结继承了前辈教师的经验、成果，参阅并引用了有关教材、专著和报刊，在此我们一并表示衷心的感谢。由于时间和水平有限，书中难免有不足和一些疏漏之处，恳请各位专家和读者批评指正。

编　者

2017 年 1 月

目 录

第一单元
应用文概述

中国的《罗密欧与朱丽叶》

1954 年周恩来总理出席日内瓦国际会议，为了向外国人宣传中国人并不好战，决定为外国记者举行电影招待会，放映越剧片《梁山伯与祝英台》。为使放映达到理想的效果，工作人员准备了一份长达 16 页的说明书送给周总理看。周总理看后批评说："这是不看对象，对牛弹琴。"工作人员不服，说："给洋人看这部电影，才是对牛弹琴呢！"周总理说："这就要看你怎么弹法，你要用十几页的说明书去弹，那是乱弹。我换个弹法，只要你在请柬上写一句话：请你欣赏一部彩色歌剧电影：中国的《罗密欧与朱丽叶》。"果然，这一改赢得了外国人的赞赏。

这则故事中的"说明书"和"请柬"都属于应用文范畴。从这则故事我们可以得出如下结论：（1）应用文的使用非常广泛；（2）应用文强调的是"应用"效果；（3）应用文同样不乏精彩和智慧。在现代经济活动中，一份有独到之处的求职信、一份别具慧眼的市场调查报告乃至一张匠心独运的请柬，都体现着一个人的才华和能力。因此，我们应重视应用文写作。

第一节　应用文的含义与分类

一、应用文的含义

应用文是国家机关、企事业单位、社会团体以及个人在工作、学习和日常生活中用来处理事务，具有实用价值和法定或惯用格式的文体。

随着经济的发展，应用文的写作普及到社会各个层面。传达贯彻国家的方针政策、发布法律法规、实施管理都离不开行政公文；总结交流经验、从事调查研究都离不开事务文书；进行经济活动离不开经济预测、经济活动分析报告……可见，应用文是加强横向联系、扩大对外交流、及时传递信息的必不可少的工具。

二、应用文的种类

应用文广泛地应用于各种不同的社会领域，因性质、特点、使用范围、目的、格式的不同，而形成众多的文种。应用文的大致分类如图 1－1 所示。

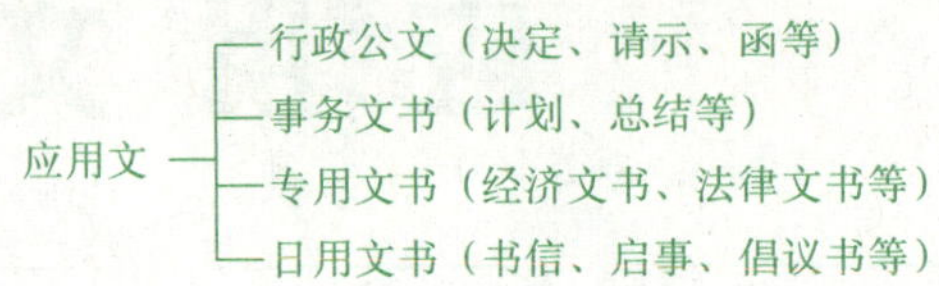

图 1－1　应用文的分类

【例文】

××市人民政府办公室
关于切实做好春季森林防火工作的紧急通知

×政办发［××］×号

各区县（自治县、市）人民政府、市政府有关部门：

入春以来，我国南方大部分地区持续出现干旱少雨天气，森林火险等级居高不下，森林火灾频繁并造成多人伤亡。我市虽然还没有发生大的森林火灾和人员伤亡事故，但是，全市森林火警时有发生，特别是群众在林内、林缘违章用火频繁，森林防火隐患较多，严重威胁着森林资源的安全。为了进一步加强森林防火工作，保护森林资源和人民生命财产安全，确保不发生大的森林火灾，经市政府同意，现就有关事宜紧急通知如下：

一、提高认识，全面加强春季森林防火工作（略）

二、及早行动，做好扑火各项准备（略）

三、增添设施，加强森林防火基础设施建设（略）

四、开展森林防火大检查，切实加强林区火源管理（略）

五、深入开展百日无森林火灾伤亡事故活动，严防重大事故发生（略）

六、加强值班调度，强化火情监测（略）

七、强化组织领导，切实落实森林防火责任（略）

特此通知

××市人民政府办公室

××年3月2日

主题词：林业　森林防火　通知

抄送：区委办公室，人大常委会办公室，政协办公室。

市人民政府办公室　　　　××年3月4日印发

【例文】

“五·七”：炼狱之夜

魏亚南

火，野性大发的火！挟着劲风，怒吼着在大兴安岭的腹地狂奔乱窜。大森林变成了一片火海。

大火，烧毁了莽莽森林，烧毁了林区大大小小的建筑物，殃及了所有的生灵。

大火，也使身陷火海的人们经受着严峻的考验，照出了他们的种种心态。

啊！1987年5月7日夜——大兴安岭的炼狱之夜！

在劫难逃？

5月7日下午1点，从漠河县城西林吉镇二三十里外的火场传来讯息：“山上的火已经熄灭了。”

下午6点，广播的声音一遍比一遍急促：县委、县政府号召，镇上所有职工家属，马上到西山根打防火道。

晚7点，烈火从南、西、北三个方向烧进西林吉镇。

……

当大火烧到西林吉门口的时刻，大兴安岭加格达奇地区防火指挥部的电话骤然响起，听筒里传来漠河县防火值班员惊恐的声音：

——西林吉火势无法控制！

——大火烧到贮木场了！

——油库也危险！

……

这是一场难逃的灾难吗？

闪耀的军徽

凶恶的火魔，转瞬之间就把西林吉上万名男女老幼围困在火海之中。遍地是火，连空气都在燃烧。多少人在火中左冲右突，走投无路；多少人在火中牵衣顿足，盼望救星。

救星来了！正在附近筑路施工的解放军某部派出了一支由200多名指战员组成的敢死队，分乘6辆汽车冲进了火中的西林吉。一进火场，指战员们便飞身下车，四处救火。

……

这天晚上，数以千计的灾民在解放军的救援下，摆脱了死神的魔爪。第二天，从惊恐中苏醒过来的灾民开始寻找失散的亲人，许多人涌到了部队的住处。一位妇女发现自己的小宝宝健在，高兴得昏倒在地；一个小伙子带着怀孕8个月的妻子给任副团长鞠躬；许多灾民告别军营时，连声说：“感谢救命恩人。”

惊心动魄的5月7日之夜过去了！带着极地特点的又一个白昼早早地来临了。不到3点，天已大亮。逞凶作孽一整夜的火魔，又窜到森林里去了。光天化日之下，西林吉一片废墟，青烟袅袅。

……

资料来源：全国中等专业学校语文教材编写组：《语文》，高等教育出版社1994年版，有删减。

【评析】

第一篇例文属于应用文的文种之一，采用事务语体，主旨鲜明，明确指出了发文事由，结构严谨，有开头（缘由）、主体（具体事项）、结尾（结束语）。主体用条目形式结构，层次清楚，语言严密庄重，使受文者明确事情的原因、为什么这样办和怎样办的道理。这种政府部门处理公务时使用的法定格式的文体，具有很强的实用价值。

第二篇例文是记者魏亚南赴某火灾现场采访后所写的一篇报告文学。例文运用文艺语体记叙了大火吞噬西林吉镇的情形，讴歌了英雄行为，文学色彩较强，讲究修辞，有较强表现力。两篇例文针对同一类事件，倡导的都是“防止森林火灾”，但行文风格、写作样式则完全不一样。一个是应用文种，一个是文学体裁。

由此可见，应用文写作既不同于文艺作品，也不同于一般的记叙文、说明文和议论文，但又必须依赖叙述、说明和议论的表达方式来阐明观点，处理事务。

【相关知识】

1. 语体是指适应不同的社会活动领域的交际需要所形成的、具有一定功能风格特点的语文表达体式，是语言交际历史发展的产物。一般划分为口头语体与书面语体，又可再分为文艺语体、政论语体、科技语体、事务语体等类型。事务语体与文艺语体的区别如表1－1所示。

表1－1

名　称	事务语体	文艺语体
思维方法	抽象思维	形象思维
社会功能	实践指导，说明事理，阐述道理	艺术感染，引起共鸣，产生联想
感情色彩	客观的，具有理智性	主观的，带有浓厚感情
语言特点	程式性，抽象性，常规性	情意性，形象性，变异性
表现形式	简约，朴实，平直，明快，严肃	繁华，藻丽，典雅，含蓄，幽默

2. 修辞手法：

消极修辞：它是为了使语言通顺、明白、平实、准确、隐秘而采取的修辞手法。其作用是使人“理会”。

积极修辞：它以形象、生动、鲜明、感人为标准，要求适应题旨和情境，运用各种表达手法，把语言表达得具有形象性、生动性、鲜明性和体验性。其作用是在理会的基础上使人感受。

【小测试】

1. 阅读下面两段文字，然后填写表格（表1－2）。

（1）《关于制止乱砍滥伐森林的紧急指示》（节选）。

中共中央、国务院责成凡有森林地方的县委和县人民政府，负责监督护林法令的执行。望立即采取果断措施，限期制止乱砍滥伐森林事件。无论任何单位或者个人，利用任何手段侵占和破坏国有的和集体的山林，都必须彻底追查，依法惩办。对这些犯法者制止不力，就是失职，上级党委和政府必须追究县委书记和县长的领导责任。

（2）《伐木者，醒来！》（节选）。

“烧了林子干什么用?”

“种山兰稻、玉米、木薯等经济作物。这就是刀耕火种落后的生产方式。”

山谷中出现了一股股迷雾。不，不是雾，是烟！烟呛得人喘不过气来。果然，透过“烟雾”，我们看到了对面山坡上熊熊的火苗，一处、两处、三处……数不胜数。山谷中狼烟四起。忽然右侧的坡下腾起火苗，火舌舔着我们的车身。司机只好加速闯了过去。刚闯过一处火场，左侧山坡上又传来哔哔剥剥的声音，一股热浪迎面扑来。左侧山坡上也在燃烧！我们从山口进山大约走了15公里，这种状况举目可见，岂止大煞风景，简直令人心痛！这里是琼中县所辖的毛阳乡。

表1－2

例　文	（1）	（2）
文体		
语体（事务语体、文艺语体）		
表达方式		
修辞（积极修辞、消极修辞）		

2. 划线找出下列相对应的项：

报告	行政公文
海报	事务文书
调查报告	专用文书
审计报告	日用文书

第二节　应用文的特点

应用文写作的内涵是多层次的，它既是以实用为目的的写作实践活动，又是研究应用文体写作基本理论、基本知识与技能技巧的一门学科。因此，应用文作为一种独立的文章样式，应把握它的个性特点。

一、应用性

应用文写作在公务往来中是最常用、最实用的，是服务于社会管理、经济要务的文体。应用文写作的目的就在于“应用”，与文学作品的“有感而发”不同，文学作品的实用性是间接的，而应用文是“因事而发”，是为了解决某个具体问题而写作。如写一篇请示，是为了向上级请求批准办理某件事项；写一篇报告，是为了向上级汇报工作，反映情况，提出建议。所以，应用文写作直接关系到人们日常事务的处理和工作的进展，**应用性是应用文最根本的特点**。

二、程式性

应用文在形式上具有程式性，是指应用文写作一般都有比较固定的格式。

1. 人们在长期使用中约定俗成的惯用格式。如一般书信的第一行，要顶格写收信人的姓名或称谓；正文开头转行空两格；末尾要写表示祝愿或敬意的惯用语；在末尾的下一行的右侧署上写信人的名字和日期。

2. 政府部门统一规定的法定格式。如《国家行政机关公文处理办法》中涉及的13种文种，规定了机关公文通用纸张、尺寸、规格、书写格式和公文各组成部分的排列顺序等，对文种的使用有严格的规定。如写复函，开头要引用致函的标题、时间或发文字号，并写上“来文收悉”等字词。这种法定格式必须遵守，不得违反，不能混用，它使公文的撰写有“格”可依，有“式”可循。

三、真实性

应用文写作都是为着解决某个具体问题，因事而写。因此，它的内容必须客观、准确，实事求是地反映情况，真实地叙述、记录或报道事物或意见。如告知对方要处理什么事情；或说明处理的办法、措施、步骤；或磋商问题、提出要求等。它不像文学作品可以大胆进行艺术虚构，塑造典型不要求写真人真事。应用文的真实性不允许主观臆造，不能歪曲事实、文过饰非，也不能任意夸大或缩小。如一篇市场预测报告，如果材料不真实，仅凭作者的猜测推断来杜撰，那将会造成重大的经济损失。另外，应用文在语言上要求表述准确，不产生歧义；在修辞上，比喻、夸张等积极修辞应尽量少用。

四、时效性

作为处理公务的应用文一般都比较讲究时效。有些问题亟待解决，必须及时行文，否则会贻误工作，造成损失；有时延误了时间，便会失去实用价值。所以应用文不但写作要及时，而且办理也要及时。如公文处理必须及时；合同过期就失效；计划、总结都有严格的时间限制；制度的制定要标明生效或执行的具体时间，等等。

【例文】

中华人民共和国国务院令
第 347 号

依照《中华人民共和国香港特别行政区基本法》的有关规定，根据香港特别行政区第二任行政长官选举委员会选举产生的人选，任命董建华为中华人民共和国香港特别行政区第二任行政长官，于2002年7月1日就职。

总理 朱镕基

二〇〇二年三月四日

【评析】

这是一则任命令，是威严性最高的一种公文，具有高度的强制性和严肃性。它是朱镕基总理为了任命中华人民共和国香港特别行政区第二任行政长官而发布的。行令缘由简要明确，行令事项具体明了。标题由发令机关名称和文种名称构成；标题下面是令号；正文分两层：一是任命的依据，二是任命的事项；落款处签署发令机关领导人的职务名称和姓名，然后注明发令日期。行文严肃庄重，语义准确明白，语气坚决果断，没有歧义，便于周知与执行。

【相关链接】

聪明的道歉声明

一天，在酒会上，记者追问马克·吐温对政府官员的看法。马克·吐温一气之下说："美国国会中有些议员是狗娘养的。"这句话在报纸上披露后，议员们大为愤怒，纷纷要求作家出来公开道歉或予以澄清，否则就将诉诸法律。马克·吐温在另一个场合又对记者发表谈话："前一次我在酒会上发言，说'美国国会中有些议员是狗娘养的'。事后我考虑再三，觉得此话不适当，而且也不符合事实。我郑重声明，我上一次讲话应该更正为：'美国国会中的有些议员不是狗娘养的。'"

这个声明十分精彩，两种说法都是同一个意思，甚至后者的抨击面更广些，但却不会被抓住把柄了。由此可见，应用文的语言在要求准确、简练的基础上可以写得生动些。

【小测试】

判断下列说法是否正确：

1. 诗歌、散文、小说、戏剧是最具有实用价值的文体。（ ）
2. 应用文的写作原则是"贵奇不贵实"。（ ）

第三节　应用文的作用

随着社会的发展，应用文作为一种工具，对社会生活有着直接的影响，发挥着巨大的作用，主要表现在以下几个方面：

一、贯彻政策，指导工作

党和国家为了对整个国民经济活动进行领导、掌握和管理，所制定的路线、方针、政策是通过各种文件和文书来下达的。这些应用文从不同程度规范人们的行为，在维护正常的社会秩序、安定社会生活、保障公民的合法权益等方面都起到了重要作用。如果没有应用文，法规政策得不到贯彻执行。

二、传播信息，宣传教育

随着社会的发展，机关、团体、企事业单位利用应用文来交流信息、联系工作、洽谈业务。如国家利用应用文来上传下达；基层利用应用文来加强联系；人们利用应用文来交流思想。同时，应用文经常以总结经验教训、表彰先进和批评错误等作为主题，通过舆论进行宣传批评教育，以提高工作质量，提高文化素质。

三、记载史料，归档凭证

写作应用文的材料来源于学习、工作、生活实践活动以及通过调查研究所积累起来的全部事实。这些应用文往往被作为文献资料或历史档案资料予以立卷归档，作为今后检查和监督的依据，如计划、总结、审计报告等。而有些法规、政策、条据、合同等既是工作生产中的凭证，又具有法律效力。所以，应用文作为一种文字材料记载的工具，具有凭证和依据作用。

【例文】

中华人民共和国教育部
关于××大学处理一个学生在实验课中
不遵守学习纪律和侮辱教师的问题的通报

国教［20××］××号

各省、市、自治区高教（教育）厅（局），全国重点高等学校：

最近××大学对一个大学生在实验课中不遵守学习纪律和侮辱教师的问题，给予处分，并将校委会的决定正式公布。这样处理是对的。学校要提高教学质量，一方面是教师必须根据党的教育方针和学校的培养目标，认真地教好课，关心和爱护学生，对学生提出严格的要求；另一方面是学生必须按照教学计划的要求，尊重教师的指导，遵守学习纪律，认真地学好功课。现将××大学的布告全文印发给你们，供参考，希望引起大家的注意。

附件：××大学布告（略）

××年×月×日（公章）

【评析】

这是一份情况通报，首先概括陈述所通报的事情，把有关的信息全面地反映出来：一个学生在实验课中不遵守学习纪律和侮辱教师，该校对其进行处分，明确表示“这样处理是对的”；然后对情况进行分析，有针对性地提出相应的意见、要求，如“学校要提高教学质量……认真地学好功课”，点明了通报的目的；最后用附件补充正文的情况介绍。

【相关链接】

一份颠倒语序的电文

1949年9月云南解放前夕，蒋介石令沈醉枪杀进步学生并逮捕了90余名爱国民主人士。正准备起义的云南省主席卢汉急忙打电报给蒋介石陈说利害，为这批民主人士说情。蒋的回电是：“情有可原，罪无可逭。”（逭：逃避之意）卢汉十分着急，把电文给李根源先生看。李先生看后，将词序改成：“罪无可逭，情有可原。”在昆明的军统头目阅读电文后，以为蒋介石“恩威并举”，于是将这批爱国民主人士释放了。后来蒋介石得知此事，气得火冒三丈。他怀疑秘书记错了自己口授的电文，又不能排除是自己搞颠倒了“语序”，只得骂几声“娘希匹”罢了。

这则电文颠倒了语序，就改变了语意，使其朝着相反的方面发展。

【小测试】

应用文在国家管理和社会生活中的重要作用有(　　)。

A. 联系交流作用　　B. 规范行为作用

C. 宣传教育作用　　D. 史实凭证作用

第四节　应用文的写作要求

应用文写作有着基本一致的构成要素和写作规律，即是对主题、材料、结构、语言等有其特殊要求。

一、主题要集中

所谓集中，是指一篇应用文只能集中表达一个中心，解决一个问题，使主题突出，围绕一个中心把问题说深、说透。即使是有些综合性的工作报告，可以将一个主题分成几个侧面，不同的侧面分别叙述，全文仍统一于一个主题之下。这就是所谓“一文一事”，能防止行文混乱，便于迅速传递信息，提高办事效率。

二、材料要真实

应用文用以处理日常工作中的各种事务，文章所用的材料必须真实，来不得半点虚假。任意地拔高、歪曲事实、凭空想象、言过其实都会影响文章的真实性，也影响对实践的指导作用。因此，真实是应用文的生命，大至人物、事件、过程，小至始末细节，都要确凿无误。

三、结构要完整

所谓结构，是指文章的组织形式和内部构造。应用文的结构要根据客观实际，按所用文种的结构模式来写。目前应用文的结构格式较为固定。例如，行政公文的格式必须按照国家规定的法定格式写作，它的正文一般由缘由、事项、结尾三个部分组成，另外还有一些常用的结束语；调查报告一般由标题、署名、正文三部分组成，正文的思路按“提出问题→分析问题→解决问题”来展开，结构形式有横式、纵式、纵横交错式三种。总之，应用文的结构要完整严谨，层次清楚。

四、语言要简明

为适应工作节奏，讲究办事效率，应用文的语言要求简洁明了，用尽量少的语言表达完整的内容。直截了当、明白通畅地表达思想，使人一目了然，容易理解、执行或办理。应用文要删繁就简，凝练精要，达到“文约事丰”，多使用专用词语、文言词语和缩略语，如“GDP”（国内生产总值）、“通胀”（通货膨胀）等。在使用缩略语时，要科学准确，不要让人费解、误解，以免贻误工作。

【病例】

××县教育局《会议通知》

各中、小学：

根据上级要求，对全县中小学卫生状况进行一次全面大检查。我们拟召开中、小学负责人会议，现将有关事项通知如下：

一、会议时间：××年11月8日在县教育局报到，会期3天。

二、参加会议人员：各中、小学校长各1名。

××县教育局

××年十月八日

【评析】

这则通知的问题主要有以下几个方面：

1. 标题不符合要求。没有包括事由，并多写了书名号。

2. 发文目的不明确。在缘由部分没有说明为何开会，使人只能从字面上猜测，影响了信息的传递。

3. 事项不具体、不全面。在主体部分，会议内容、开会时间、地点、费用等没有提到。此外，还将报到时间误为会议时间。

4. 语言使用不准确。文中使用“拟召开”含有不确定的意思，有失庄重、严肃。“对全县中、小学卫生状况进行一次全面大检查”缺乏主语，句子成分不完整。

【相关知识】

应用文的常用语

称谓用语：该局、贵厂、本部、你、我等。

开头用语：根据、为了、关于、按照、遵照、兹、随着、由于、据悉、现将等。

结尾用语：为荷、为盼、特此、此致、敬礼等。

征询用语：是否、当否、妥否、可否、如无不妥等。

经办用语：兹经、业经、经研究、商请、部署等。

期请用语：恳请、希、敬请、请、务请、拟请等。

表态用语：遵照执行、即办、同意、照办等。

敬谦用语：蒙、承蒙、企盼等。

【小测试】

在下列词语中，应用文侧重选择哪些词语：

商洽—商量　资金—钞票　死了—逝世　搞定—办成　擅自—私自

【特别提示】

学习应用文写作大忌：一听就懂，一看就会，一写就错。

综合练习

一、选择题

1. “同意”、“照办”、“可行”属于(　　　　)。

A. 征询用语　　B. 表态用语

C. 期请用语　　D. 经办用语

2. “是否”、“当否”、“可否”属于(　　　　)。

A. 征询用语　　B. 表态用语

C. 期请用语　　D. 经办用语

3. 最早的应用文出现在(　　　　)。

A. 象形文字　　　　B. 图画文字

C. 甲骨卜辞　　　　D.《尚书》

4. 在生活和工作中最具有实用价值的文体是(　　　　)。

A. 记叙文　　　　B. 说明文

C. 议论文　　　　D. 应用文

5. 应用文所采用的是(　　　　)。

A. 文艺语体　　　　B. 事务语体

C. 政论语体　　　　D. 科技语体

6. 应用文主题的要求是(　　　　)。

A. 形象　　　　B. 生动

C. 集中　　　　D. 含蓄

二、选词填空

1. 欣闻贵厂建厂30周年大庆，__________向你们致以热烈的祝贺！
2. __________贵公司大力支持，特表谢意。
3. 请速研究，并予以函复__________。
4. 以上意见__________，请批示。
5. 9月10日来函__________，经研究答复如下。
6. 我们接到通知，__________去调查落实。

A. 悉　B. 承蒙　C. 立即　D. 特　E. 当否　F. 为盼

三、判断题

1. 应用文是人们在工作、生活中为了处理具体事务及相互沟通时使用的具有一定格式的文书。(　　)
2. 应用文写作所采用的是事务语体，而不是文艺语体，这是由应用文写作的运用范围、形象思维所决定的。(　　)
3. 应用文的“材料真实”，其含义必须是直接获取的。(　　)
4. 内容比较繁多的应用文可以采取“一文多事”。(　　)
5. 广告也属于应用文，但写作广告文可以使用积极修辞。(　　)
6. 应用文是一种独特的文体，与其他文体如记叙文、议论文等不发生关系。(　　)

四、改错题

1. 应用文的性质、特点决定了它的表达方式主要有三种：叙述、描写和议论。____________________
2. 结构完整是应用文的生命。__________
3. 某总结的正文为“鸿城购物中心3月份共完成销售额900万元，比2月份的1 500万元降低了60%。”__________
4. 某凭证性条据的正文为“肖平从公司财务部借到人民币2 300元整。”__________

____

5. 某通知的正文为“各单位、各部门可以多种形式自行组织学习、宣传《交通安全法》。”________________

6. 某报告的正文为“泥石流把乡政府的办公楼冲得片甲不留，重建的压力造成乡财政捉襟见肘，雪上加霜。”________________

五、阅读分析

1. 下面是对美国三幢摩天大楼倒塌的报道，请将关于纽约世贸大楼倒塌经过的文字进行压缩，不出现具体时间，不超过35个字。

8时45分，一架从波士顿飞往纽约的波音767飞机遭劫持，撞到了纽约曼哈顿世界贸易中心南侧大楼，飞机“撕开”了大楼并发生爆炸，楼层上部冒出滚滚浓烟。9时03分，又一架小型飞机快速冲向世贸中心北侧大楼，飞机从大楼一侧撞入，由另一侧冲出，并引起巨大爆炸。9时35分左右，位于首都华盛顿中心的美国国防部五角大楼遭飞机撞击，并发生大火，五角大楼已经部分坍塌。几乎与此同时，国会山也发生爆炸。10时30分左右，纽约世贸中心姊妹楼再次发生爆炸，然后相继发生大规模坍塌，楼顶坠地时，地面掀起巨大的烟尘气浪，现场一片混乱。

2. 试分析下文所使用的事务语体的特点及其写作目的、适用对象。

××县税务局关于洋庄税务所提前超额完成全年税收任务的通报

××字［20××］52号

各税务所：

洋庄税务所是连续5年超额完成税收任务的先进单位。今年以来，他们认真执行财政税收政策，积极帮助乡镇发展生产，充分发挥基层税收代征员的作用，大抓征收管理，大力组织收入，已于9月27日提前95天，超额完成全年税收任务。

我们希望各所向洋庄税务所学习，认真贯彻税收政策，大力组织收入，把应收的税款都积极组织入库，为我县全面超额完成税收任务做出成绩，为实现四个现代化积累更多的资金。

××县税务局（印章）

××年10月5日

第二单元 行政公文

印信榜文

《水浒传》中武松打虎的故事大家都熟知。阳谷县某酒家因酒好号称“三碗不过冈”。武松来到酒家，店小二只筛了三碗酒给武松，便不再卖酒给武松了。武松逼店家卖酒给他，共吃了十五碗，之后要上景阳冈。店家连忙赶出来阻止，说山上有老虎，已伤了二三十条大汉的性命，要来往客人结伙成队白天过冈。武松说自己是清河县人，这景阳冈少说也走了一二十遭，从没听说过有老虎，店家拿这鸟话来吓他。即便有虎，他也不怕。

武松不相信店家的话，仍上了景阳冈。走了四五里路，见冈下一大树被刮去了皮，上写两行字：“景阳冈的老虎伤人，过往客商，只能在白天三个时辰结伙成队过冈”。武松认为又是店家诡诈，惊吓客人，要客人去酒店歇宿。他不理，仍往冈上走。又走出半里多路，来到一个败落的山神庙前，见这庙门上贴着一张印信榜文，上面写的内容和店家说的一样。武松这才真的相信确实有老虎，想转身回去，又怕店家耻笑他不是好汉，只好硬着头皮仗着酒胆继续往冈上走……

这旧时官府的印信榜文就如同今天的行政公文。为什么武松看了印信榜文才真正相信冈上有老虎呢？因为这官府的印信榜文就如同今天的政府“通告”，它的发文机关是阳谷县衙，是国家权力机关，代表国家的权威；“榜文”格式规范，还郑重地盖上官府的大印，是具有法定效力的文书，不由得武松不信。

第一节　行政公文概述

一、行政公文的含义

行政公文，是公务文书的简称，是人们在处理日常工作事务时使用的具有规范格式的应用文。

【例文】

××××学校关于召开招生工作会议的通知

××校办发［20××］20号

所属各科室：

为了今年把我校的招生工作搞得更好，进一步贯彻和执行有关招生工作会议精神，经研究决定召开招生工作会议，现将有关事项通知如下：

一、会议内容：介绍和分析近年来我校的招生情况；着重讨论和分析今年的招生情况和招生工作安排等事宜。

二、参加人员。各科室主管学生工作的领导以及学生工作办公室的全体人员。

三、会议时间和地点：定于6月18日上午9时，在校三楼会议室召开。

特此通知

××××学校招生办公室

××年六月十七日

【评析】

这是一则会议通知。其结构完整，开头说明召开会议的目的及会议内容，然后用“现将有关事项通知如下：”转语过渡到主体。主体主要说明会议事项，交代详细，具体明确。结尾用惯用语句。会议通知要把时间和地点写得具体明确，以便与会者清楚明了。涉及内容多，可采用条目式结构，以便阅读掌握。

通知是行政公文的一种。行政公文有多种形式，下面我们来详细了解。

二、行政公文的种类

（一）行政公文按性质、作用分类

行政公文按性质、作用分类，可分为 13 种：命令（令）、决定、公告、通告、通知、通报、议案、报告、请示、批复、意见、函、会议纪要。

1. 命令（令）：适用于依照有关法律公布行政法规和规章，宣布施行重大强制性行政措施，嘉奖有关单位及人员的一种行政文书。

“令”是“命令”的另一种名称。一般标题中写出事由的用“命令”或“通令”，不写出事由的用“令”。例如《中华人民共和国主席令》、《国务院关于实行棉花计划收购的命令》。

2. 决定：适用于对重要事项或者重大行动做出安排，奖惩有关单位及人员，变更或者撤销下级机关不适当的决定事项的一种文书。例如《国务院关于实行公民身份证制度的决定》。

3. 公告：适用于向公众宣布重要事项或者法定事项的公文。主要用于公布宪法，国家重要领导人出访、任免、逝世以及其他一些国家重大事项等。例如《全国人民代表大会常务委员会公告》。

4. 通告：适用于在一定范围内公布应当遵守或者周知事项的公文。例如《广东省人民政府关于禁毒的通告》。

5. 通知：适用于批转下级机关的公文，转发上级机关和不相隶属机关的公文，传达要求下级机关办理和需要有关单位周知或者执行的事项等。例如《关于召开商业体制改革座谈会的通知》。

6. 通报：适用于传达重要精神或者情况，表彰先进、批评错误等的一种公文。例如《集团公司关于表彰××年度先进工作单位的通报》。

7. 议案：适用于按照法律/规定程序向同级相关部门提请审议事项时使用的一种公文。例如《国务院关于提请审议〈中华人民共和国民用航空法（草案）〉的议案》。

8. 报告：适用于向上级汇报工作、反映情况、答复上级询问的一种公文。例如《关于全省减轻农民负担工作情况的报告》。

9. 请示：适用于向上级单位或领导请求指示、批准某事项的一种公文。例如《××工厂关于增拨技术改造资金的请示》。

10. 批复：适用于答复下级的请示事项的一种公文。例如《关于同意本市整顿住房建设收费取消部分收费项目的批复》。

11. 意见：适用于对重要问题提出见解和处理办法的一种公文。例如《××局关于进一步做好技术改造工作的若干意见》。

12. 函：适用于不相隶属单位之间商洽工作，询问和答复问题，请求批准和答复审批事项的一种公文。例如《关于随班代培统计人员的函》。

13. 会议纪要：适用于记载、传达会议情况和议定事项的一种公文。例如《××市公安局关于审理毒品犯罪案件工作会议纪要》。

【例文】

××区××小学关于增拨教学设备款的请示

××区教委：

为了贯彻党和国家全面推进素质教育的精神，落实邓小平同志“学习计算机，要从娃娃抓起”的指示，改变学校计算机设备严重不足且落后现状。我校拟于今年下半年新建微机室一个，配备××型号计算机××台，加上服务器、空调及其他网络设备，预计资金××万元。特恳请上级给我校增拨教学设备专用款。

妥否，请批示。

××区××小学

××年五月十六日

【评析】

这是一篇向上级寻求财力帮助的请示。开头理由充足，依据有说服力。主体的请示事项具体明确，且实事求是。结尾用惯用语，语气恰当。由于请示要求内容单一，正文采取篇段合一式结构，显得紧凑得体。全文简短，用语贴切，符合请示的写作要求。

（二）按行文方向分

按行文方向分为上行文、平行文和下行文。

1. 上行文：是指下级向所属的上级的发文。

上行文的主要作用是汇报工作，反映问题，为上级管理部门决策和更有针对性地指导下级的工作提供依据，如请示、报告等。

2. 平行文：是指平行单位或不相隶属单位之间的发文。

平行文的主要作用是沟通情况，商洽工作，联系相关公务，如意见、函等。

3. 下行文：是指上级对所属下级的发文。

下行文的主要作用是传达领导意图，部署安排工作，要求下属单位遵照执行，如命令、决定、批复、通报等。

三、公文的格式

（一）标题

公文标题是对公文内容的高度概括，揭示公文的主要内容。其形式有完全式和省略式两种。

1. 完全式标题由发文机关名称＋事由＋文种组成。例如“国务院关于金融体制改革的决定”。

2. 省略式标题。

（1）由事由＋文种组成，如《关于严厉打击卷烟走私　整顿卷烟市场的通告》。

（2）由发文机关＋文种组成，此形式多用于公文内容比较复杂、难以用较概括、简明的文字加以表达，或是为了突出发文机关，使标题简洁醒目。一些对社会公布的公文文种，如命令、公告、通告等标题多采用这种省略形式，如《统计局公告》等。

（3）只有文种组成，适用于公告、通告等公开发布的公文。

以上三种省略形式，可根据实际需要选择使用，但无论省略什么，文种是绝对不可省略的。

公文标题拟写，常用介词“关于”与事由组成介词结构作为文种的定语。公文标题中除法规、规章外，一般是不用标点符号的。

公文标题一般位于首页红色间隔线下空两行处，可分一行或多行居中排列。

（二）主送单位

主送单位是指公文的主要受理单位，即负责办理公文或执行公文内容的单位。主送单位应使用全称或规范化简称。

除决定、公告、通告、会议纪要等这些直接面向社会或机关全体人员发布的公文外，一般公文均有主送单位名称。上行文和平行文，一般只有一个主送单位，其中请示只能主送一个单位。如果是受双重领导的单位向上级单位请示，应当写明主送某一单位，同时抄送另一个上级单位。

主送单位有多个时，其排列顺序应先写主办单位，各主送单位名称中间加顿号或逗号。

主送单位标注位置在标题下空一行，左侧顶格标注，回行后仍顶格。主送单位名称后加冒号。

（三）正文

正文是公文的核心部分，也是公文的主体部分，它具体地叙述公文表达的思想内容。

在长期的写作实践中，公文正文形成了相对固定的结构形式。最为常见的结构形式为三段式，即由开头、主体、结尾三部分组成。

1. 开头。开头一般简明扼要地说明制发公文的依据。其方式一般有以下几种：

（1）引据式。引用下级来文，上级指示或有关法令文件，以此作为撰写文件的根据。常用的词语为“根据”“遵照”“按照”等。如：根据国务院发布的《建筑税征收暂行办法》第二条规定和财政部颁发的《建筑税征收暂行办法施行细则》第十七条规定，所有应缴建筑税的单位，均须向主管税务机关办理纳税登记。现将纳税登记有关事项通知如下……

（2）原因式。首先阐明制文原因，一般在段首常冠以“由于”“鉴于”“基于”等字样。如：鉴于当前走私、套汇、投机倒把牟取暴利，盗窃公共财物、盗卖珍贵文物和索贿受贿等经济活动猖獗……

（3）目的式。首先阐明写作公文的目的，经常用介词“为了”“为”等作为开端。如：为纪念“五四”运动，公关部和厂团委决定联合举办大型郊游活动。现将有关事项通知如下……

（4）说明式。先说明背景情况或工作意义，然后再叙述其他材料。如：目前，全国城乡市场日益繁荣、兴旺。商业部门广大干部和职工坚持为人民服务的方向，做出了很大的贡献，服务质量有了改善。但是，由于……现对改变商业作风问题做如下通知……

（5）概述式。首先概括地、简单地叙述一下基本情况或基本过程，然后再做具体分析。常用于通报、报告的开头。如：1 月 30 日凌晨 1 时 50 分，××商场五金家电部发生一起重大火灾。由于警卫人员报警及时，公安消防部门扑救得力……

2. 主体。应根据发文的目的和要求，突出重点，具体阐述。如是对下级传达法规、规章的，就是指出政策规定或者提出哪些新的政策；向下级交代任务、指导布置工作的，就是要针对某种情况或问题提出具体做法、要求，甚至对工作的质量、数量、时限、规模等作出规定并就保证预定任务完成、目标实现从多方面提出有效的解决办法等。向上级报告情况的，就要简明扼要叙述事情的经过；向上级请示的，就要提出请求事项，并对请求事项提出带有倾向性的意见和建议；向同级商洽工作，接洽业务的，就要依据事实情况或有关的政策规定提出本单位的意见、看法等等。

3. 结尾。一般有以下几种形式：

（1）提出号召或希望。在部署重要工作，安排重大行动或是嘉奖，表彰等性质的公文中常用这种结尾形式。

（2）提出执行要求。上级机关向下级机关布置工作，一般用这种结尾形式。

（3）使用公文结尾惯用语。公文在长期的使用中已形成了能表示各种意义的，形式比较固定的结尾用语。

上行文的结语：

报告的结语如“以上报告，请审阅”“以上各点，请审查”“特此报告”。

请示的结语如：“以上请示，请批复”“特此请示，请审批”“以上意见妥否，请批示”“当否，请指示”“以上意见如无不妥，请批转”等。

平行文的结语：

函的结语如：“特此函达”“特此函请查照，并希见复”“特此函告”“特此函复”“请即函复”“敬请函复”等。

下行文的结语如：“特此通知，希即贯彻执行”“希即遵照办理，并将情况及时上报”“希即研究执行，如有意见随时向我们反映”，批复的结语用“此复”等。

（四）附件

附件是对正文起补充说明或证实正文某些方面内容的文图材料或物件等，如统计表、图片等。

常见的附件有两种：

1. 用以补充说明或证实正文的附件，包括各种形式的参考材料、图表、凭据等。

2. 用于向上级单位呈报或向下级单位批转，印发的公文。此种附件，实际上是主体，而形式上的主件实际只起报送、发布、按语、转发、函告、说明、介绍作用。

公文附件标识在正文下一行，前空两格标注“附件”二字，后面用冒号。如果附件不止一件，就需要用序号编排，序号用阿拉伯数码，附件完后不加标点符号。要注意所列附件名称与所附文件名称一致，要逐个写清楚，切忌用“附件如文”“附件：××××等3件”之类的写法，以免给公文处理和收发文件工作增加困难或产生疏漏。

（五）成文日期

成文日期即公文生效的标识。

成文日期的要求如下：

一般公文，以负责人签发的日期为准；会议通过的公文以会议通过的日期为准；法规性文件，以批准日期为准；几个单位的联合行文，以最后一个单位负责人的签发日期为准；电报以发电日期为准。国家机关行政公文的成文日期必须用汉字书写，年月日应俱全，“零”字可写作“〇”，如“二〇一六年三月九日”。其他单位的公文的成文日期可以使用阿拉伯数字书写。

会议通过的公文，为表示郑重，其成文日期通常直接写在标题下一行，居中排列，用括号括起。不标明主送机关的公文成文日期也可用此种标注形式。

（六）印章

公文加盖印章，是发文单位对公文生效负责的凭证。公文除“会议纪要”和以电报形式发出的以外，一律要加盖印章。联合上报的公文，由主办单位加盖印章，联合下发的公文，联合发文单位都应当加盖印章。用印位置要准确，一般应是“骑年盖月”，上大下小。

如果公文由于篇幅所限使成文日期与正文不能同处一页纸时或放不下印章位置时，就要通过调整行距、字距等办法来解决，一定使成文日期及印章同正文保持在同一页上，而不能采取过去“此页无正文”外加括号的标注方法。

（七）附注

附注一般是对公文的发放范围、使用时需注意的事项加以说明。公文附注，标注在成文日期下一行左侧空两字加圆括号。

第二节　通　　知

一、通知的含义

通知适用于批转下级单位的公文，转发上级单位和不相隶属单位的公文，传达要求下级单位办理和需要有关单位、人员周知或执行的事项，任免人员等的一种公文。如《关于召开互联网发展趋势研讨会的通知》。

二、通知的种类

1. 批示性通知，用于批转、转发、颁发、印发文件的通知。
2. 指示性通知，用于对下级机关进行工作及政策指导的通知。
3. 告知性通知，用于告知有关单位知晓某一事项或某些信息的通知。

三、通知的写法

（一）标题

1. 由“发文机关 + 事由 + 文种”组成。如《总公司关于进一步拓宽销售渠道的通知》。
2. 由“事由 + 文种”组成。如《关于筹建××系统文学艺术联合会的通知》。
3. 若通知的事项十分重要或紧急，在文种前加“重要”或“紧急”二字。如《关于防止发生重大水灾事故的紧急通知》。
4. 如是批转类通知，由“发文机关 + 批转（或转发）+ 被发布文件标题 + 文种”组成。如《集团公司批转中南分公司〈关于加强销售渠道管理的报告〉的通知》。

5. 若是联合通知，在文种前加“联合”二字。如《中华人民共和国教育部中国文字改革委员会　中国科学院语文研究所关于撤销普通话语音研究班的机构的联合通知》。

6. 仅由文种组成。如《通知》，此形式仅限内部传达、不以文件发布的通知。

（二）主送单位

若是向下级单位普遍发送的公文，主送单位的名称按惯例排列；若是无固定通知对象者或知照范围广泛的通知，可以省略不写。

（三）正文

通知的正文一般由三部分组成。开头写明通知的缘由、目的、依据或情况，然后常用“特通知如下”等类似语过渡到主体部分的通知事项，如内容较复杂，可分条列项写出。结尾部分提出贯彻执行通知的办法和要求，然后用结尾语结束，如“特此通知”、“请认真贯彻执行”等。

1. 会议通知。这类通知要写明召开会议的依据或原因，然后写有关会议的事情，一般包括会议的时间、地点、会议内容、参加会议的人员及条件，参加会议的准备工作和其他事项等，如报到时间和地点等。

2. 布置工作通知。这类通知先总述开展这项工作的依据、内容、意义和现状，然后具体说明开展这项工作的内容、做法和要求，结尾写本通知的要求。

3. 互通情况通知。这类通知是让对方了解情况或配合进行有关的工作，所以只要把应该说明的情况说清楚即可。

4. 批转文件通知。这类通知是上级机关对下级机关上报的文件认为具有普遍意义，于是进行批语，用通知的形式发给所属机关，以沟通情况、交流经验、指导工作。

【例文】

集团公司关于×××等同志任免的通知

××发［××××］×号

各分公司：

根据工作实际需要，经××年×月×日董事会扩大会议研究决定以下任免事项：

一、×××同志为局办公室主任，免去×××同志办公室代主任的职务。

二、×××同志为××处处长，免去×××同志××科长的职务。

上述人员从××年×月×日起就任新职。

集团公司

××年×月×日

【评析】

这个案例是一份任免通知，其标题由“发文机关＋事由＋通知”组成。它的正文主要写清任免（任命）原因，任免（任命）根据，任免（任命）人员的姓名、具体职务、到任时间即可。若任免（任命）人员在两个以上，则应分段排列。有时还会写明任期和待遇等。

【病例】

> **通　　知**
>
> 为纪念“五四”运动，兹定于本周4月20日开会研究活动的有关事宜。
>
> 特此通知
>
> ××年4月18日
>
> 团总支

【评析】

这份会议通知存在四处错误：

1. 通知的署名（即发出单位）与日期的书写位置颠倒了。

2. 此通知的对象既未在开头写明，也未在正文后写明，正文内容也看不出到底通知的对象是谁。因此，它的通知对象是不明确的。

3. 正文中既未明确会议的具体时间，也未明确会议的地点。

4. “本周”两字多余。

【特别提醒】

通知一般为下行文，有时也可以用作平行文，主要用于向同级或不相隶属机关传达周知事项。通知不用作上行文，如果需要上级机关或不相隶属机关知道的，可用抄送形式。它的篇幅可长可短，表达方式与格式较为灵活。因此，通知的使用频率较高、范围较广。

【小测试】

一、选择题

1.《××市国家税务局关于印发〈××市国家税务局金税工程考核暂行办法〉的通知》正文是：“现将《××市国家税务局金税工程考核暂行办法》印发你们，请遵照执行。由此可以将该通知归类于（　　）。

A. 指示性通知　　B. 批示性通知

C. 知照性通知　　D. 事务性通知

2. 既是下行文，又是平行文的公文是（　　）。

A. 报告　　B. 请示

C. 通报　　D. 通知

3. 用通知发布或转发的文件包括（　　）。

A. 批转下级机关的公文　　B. 转发上级机关的公文

C. 转发不相隶属机关的公文　　D. 发布规章

4. 某市拟在全市开展物价大检查，所发公文为（　　）。

A. 通报　　B. 通告

C. 通知　　D. 决定

5. 下列事项不适宜用通知行文的（　　）。

A. 某公司聘用经理

B. 某银行向下属储蓄所下达任务

C. 财政局要求教育局等执行有关职工福利的新规定

D. 两校商洽某干部调遣

二、根据下列材料拟写一则通知

为庆祝某公司成立10周年，该公司工会决定在11月11日举办一场文艺晚会，要求每个部门各准备2个节目汇演。

第三节　通　　报

一、通报的含义

适用于表彰先进，批评错误，传达重要精神或情况的一种公文。如《××市工商局关于表彰××同志不畏强暴、勇斗走私贩事迹的通报》。

二、通报的种类

1. 情况通报，主要用于沟通情况、传递信息、传达重要情况的通报。
2. 表彰通报，主要是表彰先进集体或先进个人事迹的通报。
3. 批评通报，主要是对重大事故或严重错误、不良倾向或丑恶现象的通报。

三、通报的写法

（一）标题

通报的标题一般由“事由+文种”组成，如《关于表彰××同志的通报》；级别高的机关有的加上发文机关，如《××县人民政府关于××乡乱砍滥伐林木的通报》。

（二）正文

1. 情况通报，首先概述情况，然后分析情况，最后提出意见、要求以及解决问题的办法。

2. 表彰通报，首先概述先进事迹或经验，其次评价事实，接着说明决定，最后提出希望和要求。

3. 批评通报，首先概述事故或错误倾向的具体情况，其次评论事故，指出原因、危害，说明决定，最后提出希望要求或切实可行的意见措施。

【例文】

××县人民政府关于××乡乱砍滥伐林木的通报

×字［××××］×号

各乡镇人民政府：

我县××乡片面追求经济收入，出卖乡镇管青山×××亩，对各村负责管理的育林山被人乱砍滥伐也不加以制止。其中××村山林中未成材的落叶松被砍伐××××棵，××村卖给××乡机械厂青山××亩，任其砍伐。××村与附近单位签订合同，任其砍伐10天。个别村民也乘机进山砍伐林木，致使该乡大面积山林遭到严重破坏。现根据国务院关于坚决制止乱砍滥伐林木的指示精神和《中华人民共和国森林法》有关规定，除责令乡干部认真检查外，对乡办企业和附近单位、个人砍伐的木材要全部追回，并处以罚款。对不能追回的部分按有关规定严肃处理，情节严重的，予以法律制裁。

特此通报

××县人民政府

××年×月×日

【评析】

这是一篇批评性通报。标题由“发文机关+事由+文种”组成。

正文首先介绍受批评单位的主要错误事实经过，如例文从开头至“我县××乡至个别村民也乘机进山砍伐林木”说明事实经过；然后分析评论，指出其错误的实质、危害，因乱砍滥伐林木的危害不说自明，所以例文用“致使该乡大面积山林遭到严重破坏”一句一笔带过，再表明批评的目的及给予的处理意见，如例文从“现根据国务院……予以法律制裁”就是处理意见。有些通报最后还可以提出应注意的问题和要求，最后用“特此通报”结尾。

【病例】

××税务局关于抽查税票填写问题的通报

××字［××××］××号

各税务所、会计科：

根据市局会计处要求，我分局于9月1日、2日组织各所内勤对所管企业的7月份税票填写情况进行了认真的检查。发现所得税税票差错率高达100%，工商税税票差错率高达70%，在填写中存在错填、漏填等问题。现将主要问题通报如下：

一、国营企业所得税税票。在经济性质一栏中，有的企业未填，有的企业错填为“商业”；课税所得税一栏中，有些企业错填成本期应纳税税额，大部分企业是项目填写不全。

二、工商税税票。在经济性质一栏中也存在未填和错填的问题，有的企业将缴款期限填写成缴纳税金日期；有的企业将税目填写成经营范围；有的企业不填适用税率；还有的企业将税款所属日期填写成缴款期限。

以上问题引起专管员的重视，在搞好税收工作的同时，要对企业加强票证填写的辅导，力争在今年内减少差错，使差错率下降50%，明年杜绝差错。我分局将在明年开展各所间的比赛，看谁的差错率低，还要将这项指标列入岗位责任制中，作为考核专管员工作的一项具体内容。

××局（公章）

××年×月×日

【评析】

这是一篇批评通报，写得很不合要求。其主要问题有：

1. 主旨涵盖不全。作为批评的通报，首先要把问题摆清楚，其次要找出问题出现的原因，最后，也是最重要的，要提出解决问题的具体办法。此文只有第一项，而无第二、三两项。

2. 问题概括得不准确。“国营企业所得税税票”、“工商税税票”都概括得不准确，应改为“所得税税票全部填错”、“工商税税票填写差错率达70%”。

3. 文中对两个问题的批评在文字上过于简单，应具体些，加些数据。

4. 发文单位应用全称。如“××市××税务局”，不可写做“××税务局”或“××局”。

【特别提醒】

通知和通报的区别

1. 适用范围不同。通知用于批转和转发文件，任免和聘用干部，告知需办理和周知的事项等一般工作。

通报则仅仅用于表彰先进，批评错误，传达交流重要情况这三项重点工作。

2. 目的要求不同。通知的目的是告知事项，布置工作，部署行动，有严格的约束力，要求受文机关遵照执行。

通报的目的不在于贯彻执行，而是通过正反两方面的典型教育人们，或通过传达重要精神和情况引起人们的注意，而没有具体执行的事项。

3. 表达方式不同。通知的写作主要采用说明，告知人们做什么，怎样做。通报则兼用叙述、议论和说明等表达方式。对先进事实或者错误事实、陈述情况时用叙述；对事实做分析评述或提出希望、号召时用议论；对公布表彰或奖惩决定、意见时用说明。

【小测试】

一、选择题

1. 通报与通知的主要区别在于通报（ ）。

A. 适用范围广　B. 用途多
C. 使用频率高　D. 适用范围窄一些

2. 某化工厂发生重大火灾，化工局拟发公文告诫其他单位，其公文为（ ）。

A. 通知　B. 通告
C. 通报　D. 公告

3. 表彰、批评类的通报，其主要内容包括（ ）。

A. 概述事实　B. 分析评论
C. 做出结论　D. 要求号召

4. 通报的主体是通报的主要内容。构成这个主要内容的部分有（ ）。

A. 缘由　B. 结语
C. 情况　D. 分析
E. 有关要求和号召

5. 通报写作时，它选用材料一定要符合（ ）要求。

A. 说明情况　B. 支持观点
C. 主观思路　D. 印证结论

二、判断题

1. 通知、通报都是平行文。（ ）
2. 表彰本单位的好人好事用通报。（ ）
3. 通报是在一定范围内表彰先进、批评错误、执行重大决定时所使用的公文。（ ）
4. 通报和通知一样，一般都属于下行文，但通报有时也可用于上行和平行。（ ）
5. 通报的目的是要发挥其教育、警示或指导作用，因此所选典型的具体事例、关键情节、主要情况必须具有一定的借鉴、参考意义。（ ）

第四节　报　告

一、报告的含义

报告是用于向上级汇报工作，反映情况，答复上级询问时使用的一种公文。如《关于我县减免农民负担工作情况的报告》。

二、报告的种类

1. 工作报告，这是某项工作进行到一定阶段，需要向上级汇报时所写的报告。
2. 情况报告，这是在工作中突发或临时出现的重大情况、新情况时所写的报告。
3. 答复报告，这是答复上级有关询问所写的报告。

三、报告的写法

（一）标题

报告的标题一般由“事由＋文种”组成。由于报告是上行文，一般省略发文机关。如《关于为××市代培全日制本科走读生初步安排的报告》。

（二）正文

1. 开头部分。概括地写明报告的原因、目的、依据，然后用“现将××情况报告如下”转入主体。

2. 主体。

工作报告：包括工作的情况、取得的成绩或存在的问题、提出今后的意见措施和打算。

情况报告：概述发生的情况，分析原因、性质及造成的影响，提出对策或处理经过，也可以推测情况的发展趋势。

答复报告：先写明什么时间收到上级询问的事项，然后针对提出的问题做出回答。

（三）结尾

结尾部分常用“特此报告”“谨此报告”等惯用语结束。

【例文】

关于加强病毒性肝炎防治工作的报告

××发［20××］×号

××市人民政府：

病毒性肝炎是一种常见的法定传染病，一般间隔3～5年出现一次流行高峰，截至10月10日，已累计报告病例××××人，比去年同期上升2.1%，预计12月份将会继续上升。为了保证我市人民的身体健康，控制病毒性肝炎的暴发流行，建议采用如下措施：

一、各地政府和各有关部门对病毒性肝炎防治工作要高度重视，切实加强领导，专人负责，拿出具体防治方案，认真组织贯彻落实。

二、各个单位，特别是各级医疗、卫生、新闻宣传单位，要加强对病毒性肝炎预防知识的宣传，教育群众不要聚餐，注意食品卫生和餐具消毒，提高群众的自我防病能力。

三、城市各部门、各单位要认真坚持“预防为主”的方针，充分发动群众，深入开展爱国卫生运动，严防病毒性肝炎暴发流行。

四、各级医疗单位要创造条件，积极接受病毒性肝炎患者入院，实行隔离治疗，并及时报告疫情。凡迟报、隐瞒疫情，造成病毒扩散者，按《中华人民共和国传染病防治法》予以查处。

五、各个单位，特别是幼儿园、托儿所、中小学校，凡发现病毒性肝炎患者，都要把他们立即送到医院隔离治疗。

以上报告，如无不妥，请批转执行。

××市卫生局

××年×月×日

【评析】

这是一份关于如何加强防治病毒性肝炎防治工作的专题工作报告。标题由“事由＋文种”组成。正文主要写报告的缘由及报告事项和结语。

例文缘由概括叙述了病毒性肝炎暴发的总体的情况，说明发文目的是“为了保证我市人民的身体健康、控制病毒性肝炎的暴发流行”。用“建议采用如下措施”过渡，一般情况下用“现将……情况报告如下”过渡。

报告事项是报告的主体部分，是报告的具体内容。例文提出了五个方面的具体防治措施。

结语用“以上报告，如无不妥，请批转执行”很恰当。

【病例】

关于××乡××厂火灾事故的检查处理报告

20××年×月×日，我县××乡××厂发生了一起重大火灾。由于该厂领导抓安全防火不力，造成损失很大，烧毁部分设备和成品万余个，经济损失达××万元。事故发生后，我们立即进行了检查处理。

从调查情况看，这次火灾是一起严重的责任事故，其直接原因是该厂工人××违反用电规定，发出电火引燃附近备用材料。我们虽然调集六台消防车参加灭火，保住了厂房和部分原材料，但因该厂消防组织不健全，缺乏得力配合，致使火灾蔓延，造成严重损失。经上下通力合作，该厂于×月×日正式恢复生产。

我们对这次火灾造成的损失极为痛心，一定要吸取教训。我们采取了以下措施。

一、

……

二、

……

三、

……

我们一定要吸取教训，严格防范，防止类似事故的发生。

【评析】

这是一篇条理不清、结构混乱的报告。

1. 段落层次混乱。第一段既写了事故的一般情况，又写了事故的原因，如："领导不力"；第二段主要是分析事故的原因，但又掺杂了抢救情况。

2. 缺乏照应，有头无尾。本来是检查处理报告，但只写了"检查"，未写如何处理等。

3. 本来在谈措施之前，已经写了"吸取教训"，可后边又写了一笔，有重复之嫌。

4. 缺乏应有的结语，结构不完整。

【小测试】

一、选择题

1. 报告是向上级机关汇报工作，反映情况，答复上级机关的询问时使用的上行文。在这种公文中行文机关（　　）。

A. 可以要求上级对报告的质量表明态度

B. 可以借此机会要求上级对某个问题做出答复

C. 不得夹带请示事项

D. 可以向上级提出解决某个亟待办理的问题的申请

2. 适用于向上级机关汇报工作，反映情况，答复上级机关的询问的公文是（　　）。

A. 请示　　B. 函

C. 通报　　D. 报告

3. 报告这一公文对所写内容和所用语言要求严格，非常讲究，不能随意而行。它所表达的内容和使用的语言都是（　　）。

A. 宣传性的　　B. 论说性的

C. 陈述性的　　D. 指令性的

4. 拟写报告，要做到（　　）。

A. 实事求是　　B. 重视选材，突出主题

C. 报告及时，讲求时效　　D. 慎用数据，确保准确

二、判断题

1. 报告可以在工作开展前，可以在工作进行中，也可以在工作完成后向上级做出汇报。（　　）

2. 报告是单方向的上行文，供领导审阅，不需要上级给予回复。（　　）

3. 某单位接受了上级布置的工作任务。一开始就应该向上级报告，汇报准备如何开展工作的情况。（　　）

4. 报告或反映情况，或汇报工作，可以同时主送几个上级机关和上级的上级机关。（　　）

5. 在公文的使用中，不得向平级机关或不相隶属机关发送"报告"。（　　）

第五节 请 示

一、请示的含义

请示是用于向上级管理部门或领导请求批准某一事项时使用的一种公文。如《××工厂关于增拨技术改造资金的请示》。

二、请示的种类

1. 请求指示型。这类请示用于在工作中遇到无章可循的新情况、新问题；或是下级机关对国家的法律法规、方针政策及上级指示等有不明确或不同理解，意见分歧，无法办理，需请示上级指示意见；或本单位情况特殊，需要对上级的普遍性要求加以变通时所写的请示。

2. 请求批准型。请求批准用于要做某项工作或办某件事，需要或缺少一定的财力、物力、人力，因而需要报请上级机关予以审核批准、批拨或调配使用，请求上级机关帮助；下级机关准备办理按规定需要上级机关批准的事项。

三、请示的写法

（一）标题

请示的标题一般由“事由 + 文种”组成。由于是上行文，经常省略发文机关，如《关于请求追加我省自然灾害救济款的请示》。

（二）正文

正文由请示理由、请示事项和请示结语三部分内容组成。

1. 请示理由。主要将请示事项的原因、问题的由来写清楚。这是请求指示和批准的依据，说明为什么要请示，所以请示的理由要充分。

2. 请示事项。应明确地提出请求解决什么问题，或对什么问题请求批示意见，或对什么问题提出安排、打算、方法、措施等。请示的事项要具体明白，如果是请示批拨物资、资金，则应说明需要的金额、品名、规格及数量等；如果是请求对某一工作的指示或对处理某项问题的批准，则应提出自己的意见或处理办法；如果有两种以上的方案或意见，则应表明自己的倾向性意见。

3. 请示结语。请求指示、批准，常用“以上请示，如无不妥，请批准”、“特此报请核批”、“当否，请批示”、“特此请示，请审批”等。

如果请示事项的具体内容（如资金使用计划、工作设想安排等）较为复杂，可以用附件的形式随文呈报。

【例文】

关于贯彻按劳分配政策两个具体问题的请示

××厂发［××××］×号

××市劳动局：

按劳分配是社会主义分配的基本原则，也是社会主义优越性之一。几年来，我厂由于认真贯彻了按劳分配政策，极大地激发了广大职工的社会主义劳动积极性，使得生产率成倍地增长。

为全面贯彻按劳分配原则，进一步调动职工的劳动积极性，现就两项劳资政策问题请示如下：

一、拟用××年全厂超额利润的10%为全厂职工晋升工资。其中，××年4月30日在册职工每人晋升一级，凡班（组）长和车间先进生产（工作）者及车间以上领导和先进人物再依次晋升一级；全厂技术突击组成员每人浮动一级工资，组长每人浮动两级工资。

二、拟用××年全厂超额利润的10%一次性为全厂职工每人增发奖金平均100元，具体金额按劳动出勤率和完成定额计算。

以上请示，妥否，请批示。

××化工厂

××年×月×日

【评析】

政策性请示是下级机关在工作中遇到某一政策不明确、不理解，或对新问题、新情况不知如何处理时，请求上级给予明确解答或指导时所使用的。××化工厂拟用该年度的超额利润部分为职工晋升工资和发奖金，这是涉及劳资政策的原则性问题，就这一问题进行请示，符合行政管理工作的要求及公文行文规则。

该请示的开头，开门见山地说明按劳分配原则的社会意义及现实作用，强调用该厂贯彻执行按劳分配原则所获得的效益来强化按劳分配原则的意义，从而为下文提出请示事项申明了理由，提供了原则性的依据。这部分内容写得高度概括，分寸把握适度。请示事项表述十分具体，从该年度超利润提取比例到下发的对象、范围、办法等，都一一作了明确说明，表述严密。同时，在晋升工资和发放奖金的办法中，又体现出按劳分配的原则，如在为全厂在册职工晋升一级工资的基础上，给班（组）长和车间先进生产（工作）者及车间以上领导和先进人物再依次晋升一级；平均奖金100元，具体金额按出勤率和完成定额计算等。这就使前面的请示理由得到照应，使这种政策性请示的理由不流于空泛，印证了该请示理由的现实性。结尾用语准确规范。

【病例】

关于××学校团委组织
登山比赛活动的请示报告

××字［20××］第×号

团市委、校党委：

为提高团组织的威信，增强团员的组织观念，进一步过好团的生活，经校团委研究，拟于10月20日前后组织一次登山比赛活动。地点：西湖山。这次团的活动，准备吸收团外青年参加。具体比赛办法和活动费用，我们意见如下：

一、登山比赛以各团小组为单位，各派10名代表参赛。哪个团小组10名队员全上去了（不许有一个掉队）为优胜，按前后顺序取名次。

二、哪个优胜多的团小组的团支部为优胜支部。

三、优胜支部发给锦旗一面。

四、挖宝游戏。游戏内容包括知识测验、团的基础知识问答、谜语、诗歌，答对者获奖。奖品有钢笔、笔记本、图书等学习用品。以上活动需经费800元，应按照此数如数拨给为盼。

特此报告，并请批准。

附件：所需奖品清单及经费预算表。

××年9月21日

【评析】

这篇请示存在的问题主要有以下几点：

1. “报告”、“请示”两个文种混用。这篇公文从内容上看，是一篇某学校团委向党委的请示，向党委申请一笔登山活动的经费，本文未明确提出这个问题。用“报告”不妥，应改为“请示”。

2. 标题有两个错误。一是语序有错误，介词“关于”应放在“××学校团委”之后；二是标题内容没有显示出来，如标题改为《××学校关于组织登山比赛活动的请示》，这个标题仅仅是说明要请求组织一次登山活动，没有说明本文的主旨是申请经费，所以这个标题也不符合要求，应改为《关于申请组织登山活动所需经费的请示》。

3. 多头主送。根据内容是学校组织的登山活动，经费问题应由学校自行解决，因此主送单位应为“校党委”。格式错误，主送单位应顶格。

4. 一文数事。这篇请示的中心内容是申请活动经费，与此有关的内容才写，无关的内容不必写。但这篇请示并不是开门见山地写请示的原由、事项，而是大谈为什么要组织这次活动，怎样组织登山活动，什么时间什么地点组织这次活动；在登山时，以什么单位进行比赛；作什么游戏，游戏的内容，发什么奖，奖品是什么等等。这些都是与申请经费无关的内容，均可不写。

这篇请示，开头只需简要说明团委决定搞一次登山比赛，因为比赛要取名次，要发奖，所以要申请经费（请示原由）。然后具体说明申请的金额，需要多少经费，最后明确提出请求党委批准就可以了。

5. 语言运用上用词不准确。如“增强团员组织观念”，“组织观念”概念外延太大，“组织观念”可改为“集体观念”。又如“按前后顺序取名次”，“前”用字不准，应改为“先”。

6. 不要用口语。如：“哪个团小组 10 名代表全上去了（不许有一个人掉队）为优胜”，可改为“以最先登上顶峰的团小组为优胜”。

7. “应按此数如数拨给为盼”这句话不得体，下级对上级不能采用这种指令性的用语。

8. 结语惯用语写法错误，“请示”的结尾应是写“当否，请批复”或“妥否，请批示”。

9. 附件的格式不对，应在正文下空一行、前空两格标识“附件”，后标全角冒号和名称，后面不要加标点。

总之，这篇请示的问题是内容庞杂，中心不突出，没有遵循“一文一事”的请示规则，材料组织也有问题，格式不规范，语言运用不准确。

【特别提醒】

报告与请示的区别

1. 行文目的的不同。报告是为了向上级汇报工作、反映情况、答复上级机关的询问而行文。其目的主要是让主管机关了解情况及时处理工作中的有关问题；而请示是为了解决单位自身的某一具体事项，请求上级机关指示、批准。

2. 行文要求不同。报告主要是为上级机关提供决策信息和依据、不要求上级机关答复，因此，报告中不能夹带请示事项；而请示请求上级机关批准，明确要求上级机关答复，上级机关也一定给予批复。

3. 行文时限不同。报告可以在工作进行中，工作完成后行文；而请示必须在事前行文，待上级机关批复后，请示的事项才可以施行，未经批复的则不能施行。

4. 内容含量不同。报告的内容含量大，在一文一旨的前提下，可以就工作的诸多方面进行陈述，即一文数事；而请示内容单一，要求一文一事。

5. 性质结语不同。在性质上，报告是不要求上级回答的陈述性文件，因此，报告一般写不要求回答的结语如“特此报告”；而请示是要求上级回答的祈请性文件，因此，请示一般写要求回答的期复语，如“特此请示，请审批”等。

【小测试】

一、选择题

1. 撰写请示应坚持（　　）。

A. 一文一事的原则　　B. 报告其他需要上报的事项

C. 主送领导人个人　　D. 上报同时不抄送下级机关

2. 适用于向上级机关请求指示、批准的公文叫（　　）。

A. 报告　　B. 函

C. 请示　　　　　　　　　　　　　　D. 通知

3. 下列请示的结束语中得体的是（　　）。

A. 以上事项，请尽快批准

B. 以上所请，如有不同意，请来函商量

C. 所请事关重大，不可延误，务必于本月 10 日前答复

D. 以上所请，妥否，请批复

4. “请示事项”是请示正文的核心，它应该（　　）。

A. 实事求是　　　　　　　　　　　　B. 具体清楚

C. 提出一种解决问题的意见　　　　　D. 语气坚决

5. 请示公文的结语虽是惯用语，但不能生造，要符合逻辑。下列各句适合作请示结语的有（　　）。

A. “以上妥否，请予批复”　　　　　B. “以上如无不妥，请予批准”

C. “以上事项紧急，请速批准”　　　D. “特此请示，请批复”

二、判断题

1. 请示必须事前行文，否则就是“先斩后奏”，不符合规定。（　　）

2. 在请示的写作中，“多送部门好办事，多用请示才尊重”的做法能提高工作效率。（　　）

3. 请示的行文语气要谦恭，要用商请的口气说话。（　　）

4. 请示在未获批准前，不能抄送给下级机关和同级机关。（　　）

5. 请示有时由于正文内容已经说明清楚，也可不采用结尾词语，自然结尾。（　　）

第六节　函

一、函的含义

函是适用于不相隶属机关之间商洽工作，询问和答复问题，请求批准和答复审批事项的一种公文。如《关于随班代培统计人员的函》。

二、函的种类

（一）从格式上划分，分为公函和便函

公函：用于商洽、询问、答复工作中比较重要的问题和请求主管部门批准某项事宜，属于正式公文。

便函：用于询问、答复、联系一般性公务事宜，不属于正式公文，不编文号，不列标题，用机关信笺直接书写，一般不入档案。

（二）从行文方向上划分，分为去函和复函

去函：是主动地与有关单位商洽工作、询问事项或提出要求。

复函：是针对来函的问题向来函单位回答相应的商请或询问事项。

（三）从内容上划分，分为商洽函、询问函、答复函、请批函和知照函

商洽函：是不相隶属机关或平级机关之间商洽、联系、协调某一问题或工作的函。

询问函：是向有关机关询问情况，提出问题，要求对方答复的函。

答复函：是针对询问答复问题的函。

请批函：是向没有隶属关系的业务主管部门请求批准某些具体事项的函。

知照函：是把需要知道的情况告知对方的函。

三、函的写法

（一）标题

1. 由“发文机关 + 事由 + 文种”组成，如《国家税务局关于人民银行委托加工饰品征税问题的函》。

2. 由“事由 + 文种”组成，如《关于为你厂代培财会人员的复函》。

（二）正文

函的正文包括开头、主体和结尾三部分。

1. 开头要写明发函的原因、目的和依据。若是复函，则要先引用对方来函的标题或发文字号、发文日期，如“贵公司《关于××的函》（××字［××××］×号）收悉”或“贵单位××年×月×日的来函收悉”。然后用“现将有关问题说明如下”、“现将有关问题函复如下”等习惯语过渡转入主体。

2. 主体要写明商洽、询问、请求答复的有关具体事项。若是去函，要讲清己方的要求，或把请对方协办的事项和有关的信息告知对方。若是复函，也要将本单位对来函的意见说明白，表明自己的态度，如不能满足对方的要求，应把理由解释清楚；如能满足对方的要求，可以重复来函的请求事项。如事项较复杂，则要分条逐项写明。

3. 结尾要根据不同种类的函进行结束。如去函只是告知对方，可用“特此函告”“特此函达”等；如是询问、请求答复的函，可用“即请函复”“盼复”等；如是复函，可用“特此函复”“此复”等。

由于函大多用于不相隶属单位之间的公务往来，因此行文用语要谦和。

【例文】

关于××超市租借商场的复函

沪××商厦［20××］50号

上海××超市总公司：

沪×超［20××］20号函已收悉，经研究，现答复如下：

你公司欲租借我商厦五楼闲置的楼面开设超市，这既可方便顾客的购买需求，同时

又盘活了我商厦的闲置资源，扩大了我商厦的经营规模和种类。因此同意你公司到我商厦五楼开设超市。具体事项请面议。

特此函复

上海××商厦（公章）

××年×月×日

【评析】

这是一份答复对方商洽事项的函。

标题由“事由+文种”组成。正文由复函引语和复函答复两部分组成。

首先引述对方来函的发文字号，这是复函引语，表明复函的缘由，用“经研究，现答复如下”过渡到复函答复部分。例文第二段复函答复部分针对来函商洽的问题，用一句话“因此同意你公司到我商厦五楼开设超市”概括对方所商洽的事项，既是对来函的答复，也表达了“我方”对商洽事项的态度。接着，紧承上句，“我方”又用“扩大了我商厦的经营规模和种类”充分肯定合作的好处，给双方都带来效益，是双赢的，最后作出“同意”合作的明确答复。结语用惯用语“特此函复”结束。

【病例】

××省人民政府办公厅函

××省政府办公厅：

据悉，贵省汽油、柴油富足，我省目前汽油、柴油奇缺，已严重影响我省工农业生产。为此，特去此函，请贵省支持我省汽油××××吨，柴油×××吨。望能照此办理，并请及时复函。

××省人民政府办公厅

××年×月×日

【评析】

此病例存在的问题是：

1. 标题不正确，不能用“发文机关+文种”构成。

2. 主送单位未用全称，应是“××省人民政府办公厅”。

3. 正文的叙述方法欠妥，开头就说“贵省汽油、柴油富足，我省目前汽油、柴油奇缺”，逻辑显得生硬。

4. 用语不当，“支持”一词用得也不准确，“望能照此办理”更是用得不适当、不谦和。

【修改例文】

关于请求售予我省汽油、柴油的函

×政厅字［20××］×号

××省人民政府办公厅：

我省目前汽油、柴油奇缺，已严重影响我省工农业生产。我们虽已多方筹措，但问题至今仍未得到解决。据悉，贵省汽油、柴油富足，特请求贵省售予我省汽油××吨，柴油××吨，以解燃眉之急。

可否，请及时函复。

××省人民政府办公厅

××年×月×日

【特别提醒】

函与请示的异同

相同：函的请批函和请示两者都有请求批准的作用。

区别：请批函用于向同一机关管理范围中平级的有关业务主管部门请示批准事项；请示则是用于有隶属关系的上下级之间，下级向上级请求指示，请求批准有关事项。

【小测试】

一、选择题

1. 向不相隶属单位请求答复、批准，用（　　）。
   A. 请示　　B. 通知
   C. 函　　D. 报告
2. 向有关单位请求协助、商洽解决办理有关事项，用（　　）。
   A. 请示　　B. 意见
   C. 函　　D. 报告
3. 某百货公司要求某厂履行合同，所发公文为（　　）。
   A. 通知　　B. 函
   C. 报告　　D. 通报
4. 函的结语表述正确的是（　　）。
   A. 妥否，请批复　　B. 以上意见如无不妥，请函复
   C. 专此函达　　D. 即请函复
5. 某机关回答对方来函所提问题的函叫（　　）。
   A. 商洽函　　B. 复函
   C. 发函　　D. 询问函

二、判断题

1. 凡是向不相隶属的机关（无论是高级别、低级别还是相同级别）行文，一律使用函。（　）
2. 凡是向不相隶属的机关（无论是高级别、低级别还是相同级别）行文，一律使用函。（　）
3. 函向不相隶属的高级别机关行文时，属于上行文。（　）
4. 发函是主动地与有关单位商洽工作、询问事项或提出请求。（　）
5. 复函是针对来函的问题向来函单位回答相应的商讨、询问或请求事项。（　）

第七节　会议纪要

一、会议纪要的含义

会议纪要是用于记载、传达会议情况和议定事项的一种公文。如《关于研究耕地占用税征收、管理、使用问题的会议纪要》。

二、会议纪要的写法

（一）标题

1. 由“会议名称＋文种”构成，如《全国卫生工作会议纪要》。

2. 由“机关名称＋会议名称＋文种”构成，如《广东省知识产权办公会议纪要》。

3. 由“机关名称＋事由＋会议名称＋文种”构成，如《最高人民法院关于审理毒品犯罪案件工作会议纪要》。

4. 双标题，由正标题与副标题组成，正标题反映会议的主要精神和内容，副标题标明会议名称和文种，如《抓住机遇　改革开放——××市对外开放研讨会纪要》。

（二）正文

正文一般由前言（导语）、主体和结尾三部分组成。

1. 前言。一般概述会议的基本情况，包括会议进行的时间、地点、组织者、参加人员、主持人、会议议程、主要议题以及对会议的总体评价等。

前言的写法有总分结构和分项式结构。

（1）总分结构（总述式）把时间、地点、主持人、参加人和会议内容放在开头概括总述；

（2）分项式结构把议定事项（主体部分）放在分述部分，分条列项叙述表达。下面的例文采用分项式结构（条目式）写法，即把会议时间、地点、主持人、参加人、会议内容和议定事项按序往下排列，逐项叙写。

2. 主体。这是议定事项部分，一般把会议决定的事宜或意见、精神加以归纳。要求准确、简明地写出会议讨论的问题及结果、会议议定的事项，对今后工作的指导思想、要求和措施等。

3. 结尾。提出希望和要求，发出号召，要求有关单位认真贯彻会议精神，努力完成会议提出的各项任务。有的结尾部分也可省略。

会议纪要在形式上均以“会议”为第三人称口吻转述会议内容。正文主体部分的写作，常用“会议认为”、“会议提出”、“会议决定”、“会议强调”、“会议指出”、“会议要求”、“会议讨论了”、“会议通过了”、“会议听取了”、“与会者一致认为”、“会议希望”、“会议号召”等作为层次段落的开头语，适度使用有助于更好地进行表述。

【例文】

中共××市委常委会议纪要

时间：××年4月17日下午至18日

地点：市委主楼218会议室

主持人：×××

参加人：×××、×××、×××

会议内容：

一、学习并讨论如何贯彻执行省委《关于进一步统一认识　坚决搞好治理整顿的通知》。

二、听取并讨论××同志关于××年度振兴××立功竞赛表彰大会准备工作的汇报。

议定事项：

一、会议认真学习了省委××年4月10日《关于进一步统一认识　坚决搞好治理整顿的通知》，对我市前段治理整顿的情况和一季度形势逐项进行了分析和深入的讨论，进一步统一了思想，明确了当前和今后治理整顿的任务和工作重点。

会议认为，半年来我市在贯彻中央治理整顿方针的过程中，态度坚决，工作扎实，初见成效。但对成绩不能估计过高，要看到思想认识的差距和治理整顿任务的艰巨，要按照中央精神和××同志政府工作报告，进一步统一思想，认真抓好治理整顿的各项工作。

会议议定，在省委传达中央工作会议精神后召开市委工作会议，通过传达中央工作会议精神，分析我市治理整顿形势和任务，提高认识，统一思想，动员全党一心一意搞好治理整顿。会议定于4月底召开，由市委办公室做好会议筹备工作。

二、会议听取了××同志关于××年度振兴××立功竞赛表彰大会准备工作的汇报，原则同意“立功办”提出的大会方案及召开时间，原则同意市级劳模及文明单位的名单，责成“立功办”根据市委常委意见进行调整，并做好大会准备工作。对有些需要进一步研究的问题由“立功办”再做准备，向书记办公会汇报。

中共××市委员会

××年4月19日

【评析】

这是一份办公会议纪要。

文中议定事项根据会议两项内容逐项叙述，正文第一部分第一段概述学习文件的基本情况，统一思想，明确任务和重点内容。第二段先肯定前段成绩，看到差距及任务的艰巨，要进一步抓好工作。第三段会议决定4月底召开市委工作会议，传达中央工作会议精神，搞好治理整顿工作。正文第二部分是会议内容的第二项，听取汇报后原则同意市级劳模及文明单位名单，并责成“立功办”对名单进行调整，做好大会各项准备工作后，再向书记办公会议汇报。

从例文中可以看到，会议的进程、讨论的各项工作问题、议决的事项都写得非常清楚、明白、简练。会议主要内容分述完后，全文也就自然结束，无需结尾。

【病例】

关于审批××镇商业服务业网点现场办公会议纪要

××年×月×日，区委常务副书记××、区政府常务副区长××在××镇召开了审批商业、服务业网点现场办公会。区长××、副区长××等区政府领导同志参加了会议。区委、区政府有关委、办，区人大城市工作调研室，区经济改革办公室，各有关局、公司及××镇党委和办事处的负责同志参加了会议。

会上，听取了镇党委书记××同志“关于××镇第三产业发展规划”的汇报。然后，区委、区政府的领导同志赴现场查看了商业服务业网点建设用地情况。

会议经讨论决定事项如下：

一、同意××街至××地段建设商业街，××地段现在即可施工，××街地段因有移树问题，待春季再动工。

二、同意将××街至××地段西侧建成商业街。有关事宜要与邻近单位协商好，建设网点临时设施要让开地下管道，保护好路旁树木。同时对商业摊车也要整顿。

三、原则同意在××街北段西侧建设商业街，新建商业服务业网点临时设施，待公路修好后施工。

四、同意将××大街建成便民服务街，可采取城乡结合，以××镇与××农工商联合公司联合兴办的形式进行建设，此事请×××同志牵头，做好城乡双方的谈判工作。

会上，×××同志指出××镇单位党委在发展第三产业工作上，思想比较解放，规划比较现实。在指导思想上既注意抓好物质文明建设，又注意抓好精神文明建设。如在发展第三产业的同时，注意美化市容、居委会建设等想法是值得肯定的。今后在修改规划时，要根据××镇的地位和我区分区规划要求，着重考虑体现长远的总体设想问题，也要实事求是地根据本地区实际，适当发展第二产业。

×××同志肯定了镇党委发展第三产业的指导思想：“方便群众，美化市容，便利交通，增加收入”。肯定了他们建设商业街讲求速度的精神。如××、××街这两条商业街的建设，要在春节前后开业，这种快速度兴办第三产业的精神是值得提倡的。

他还指出：我们要贯彻整党精神，做到边整边改，未整先改，积极发展第三产业，全心全意为人民服务，为基层服务，不断提高工作效率。今后仍要坚持现场办公会的工作方法，同时带领基层一起改进工作作风。今后现场办公会，各部门，各有关局、公司，要出席能决定事情的负责人。有关执法的综合部门，在发现某个企业的某些方面不符合法规或规定时，不但要执行政策、指出问题，还要帮助分析原因、使其改进，达到要求，不要轻易下令停产。今后凡下停产令，要通过区经济改革办公室。今天，对各有关部门再一次提出要求，凡现场办公会上决定的事情，大家都要切实地、积极地支持。我们要齐心协力迈大步，共同把我区发展第三产业的工作做好。

××区××办公室

××年×月×日

【评析】

这篇纪要记载了一次现场办公会议的情况。通常，把这次会议审查批准的商业服务业网点建设项目如实记录下来，以便各有关方面依照执行就可以了，即到“做好城乡双方的谈判工作”为止，就已经把议定事项都说清楚了。如果到此为止，这确实是一篇简洁明快的纪要，名副其实地记其“要”了。

但例文后面又写了两位领导同志的一大段讲话，破坏了纪要的严整性，有些不伦不类了。这篇例文前半部分像“纪要”，后半部分像“简报”。如果认为领导同志强调的一些问题，特别是有关指导思想、指导原则等有必要记在纪要中，可以另列条款，使它成为该纪要有机的构成部分，而不应该像现在这样，搞了一段讲话摘要，拖了一个不协调的“长尾巴”。

【相关链接】

知识在于应用

知识如果不会运用，它不但没有任何价值，反而有负效应。这是显而易见的，因为学知识需要成本。有这样一个故事：

有一个书生和一个农夫结伴而行。一路上，书生不停地炫耀他的知识：“你会认字吗?”

“不会。”农夫回答。

“你会骑马吗?”

“不会。”

这时他们来到了河边，乘上了一只小船，书生问：“你会划船吗?”

“不会。”

“你怎么什么都不会!”

看看水面，书生又说：“你总该会游泳吧！游泳应该注意些什么呢？首先，应该做好准备活动……”书生的话没说完，一阵狂风把小船吹翻了。

农夫掉到水里后，很快镇定下来准备游到岸上去，看到书生在那里“扑腾扑腾”，眼看他要沉下去了，农夫把他拖到岸边后，问道：“你不是会游泳吗?”书生喘了口气说：“我……我只知道该怎样游，可我从来没游过……”

书生虽然学了很多书本上的理论知识，可是实践技能一点也没有，差点送命。如今，我们学习了各种常用的公文写作知识，关键要经常实践，才能写好公文。

【小测试】

一、选择题

1. 会议纪要的精髓在“纪”，要大量直接引用或列举参会人员的原始发言材料，(　　)。

A. 综合提炼会议结论　　B. 全面概括会议内容

C. 准确把握会议要点　　D. 娴熟运用规范格式

2. 会议纪要的成文日期(　　)。

A. 以会议通过日期为准　　B. 以撰写完成日期为准

C. 以领导人签发日期为准　　D. 以文件发出日期为准

3. 会议纪要有不同于会议记录的组成部分，下列属于会议纪要的组成部分有(　　)。

A. 标题　　B. 记录头

C. 正文　　D. 签发人

4. 关于会议纪要，说法不正确的有(　　)。

A. 会议纪要的标题与一般公文标题一样

B. 会议纪要的编号应写于标题上方

C. 会议的基本议程应放在主体部分

D. 座谈会不需要会议纪要

5. 会议纪要的发文日期应以(　　)为准。

A. 会议闭幕时间　　B. 领导签发时间

C. 会议通过时间　　D. 发文时间

二、判断题

1. 会议纪要的精髓在于一个“要”字，因此，写作会议纪要的关键在于简要。(　　)

2. 会议纪要是从会议纪录演化而来的，又高于会议记录。(　　)

3. 会议概况一般包括会议的起止时间、地点、议题、议程、出席会议的领导以及与会人员等情况。(　　)

4. 会议纪要不仅可发给与会者及其所属单位，还送给上级，必要时可通过传媒向公众发表。(　　)

5. 会议纪要有法定效力，会议记录则有文献作用。(　　)

综合练习

一、单项选择题

1. “现将有关事项通知如下”属于应用文结构用语中的(　　)。

A. 开头用语　　B. 结尾用语

C. 过渡用语　　D. 综合用语

2. 某单位因故即将停水一天，为了不影响大家的工作和生活，单位办公室提前制发了(　　)。

A. 通知　　B. 公告

C. 命令　　D. 函

3. 《××县国家税务局关于向××县国土局申请建设办公大楼用地的请示》，该标题的主要错误是(　　)。

A. 违反报告不得夹带请示的规定

B. 违反应协商同意后再发文的规定

C. 错误使用文种，应使用函

D. 错误使用文种，应使用报告

4. “为要”、“为盼”属于应用文结构用语中的(　　)。

A. 开头用语　　B. 结尾用语

C. 过渡用语　　D. 综合用语

5. 下列公文标题正确的是(　　)。

A. 长沙市人民政府关于批转《湖南省人民政府×××办法》的通知

B. 长沙市人民政府关于转发湖南省人民政府×××办法的通知

C. 湖南省人民政府关于转发长沙市人民政府×××办法的通知

D. 湖南省人民政府关于批转宁乡县人民政府×××办法的通知

二、多项选择题

1. 通报、报告、意见等公文的正文中各个部分之间的过渡承转需要自然、流畅，浑然一体，因此常用来联系和衔接各个段落和层次的有(　　)。

A. 过渡字　　B. 过渡词

C. 过渡句　　D. 过渡段

2. 关于通知的主送机关的写作，正确的有(　　)。

A. 一般应写全称或规范化简称

B. 主送机关多时，要注意排列顺序

C. 同级机关用顿号间隔

D. 不同级别的机关用逗号间隔

3. 下列事项适合用函行文的有(　　)。

A. 公安局请求财政局增拨经费

B. 局纪委答复市检察院的询问

C. 区教育局对所属学校作调整

D. 省政府同意某县改市

4. 请示的“缘由”部分在撰写时要写清(　　)。

A. 请示机关　　B. 请示原因

C. 请示目的　　D. 请示依据

5. 通知正文写作的常见结构形式有(　　)。

A. 归纳式　　B. 篇段合一式

C. 分条列项式　　D. 演绎式

三、判断题

1. 表彰先进，批评错误，传达重要精神或情况的公文叫通告。(　　)

2. 报告是下级机关给上级机关的单方向的上行文，不需要上级机关给予回复，因此在报告中不得夹带请示事项或要求上级机关答复的事项。(　　)

3. 会议纪要的标题与一般公文略有不同。因为会议纪要是以会议名义而不是以领导机关名义发出的，所以其标题一般由“会议名称＋主要内容（事由）＋文种”组成。(　　)

4. 请示的内容集中单一，一文一事，其结构也比较固定；而报告涉及的内容较为广泛，结构也比较灵活。(　　)

5. 报告和请示的行文时间都没有固定，都可以事前、事中或事后行文。(　　)

6. 不相隶属机关之间联系工作应用通知文种。(　　)

7. 某单位要增购一批生产设备，应向主管上级机关打一个报告。(　　)

8. 某市政府与另一市政府建立了经济协作关系。最近，某市政府致函另一市政府商洽办理五件不同类型的事项，结语“请即函复”。(　　)

四、指出下列公文内容上存在的问题

1. 指出下面这份通知存在的问题。

××市财政局关于执行市政府
《关于禁止卡车白天在城区行驶的通知》
的有关补助问题的通知

各区、县财政局：

根据市政［20××］××号《关于禁止卡车白天在城区行驶的通知》的要求，各单位卡车司机以及夜间收货、发货人员需要夜间工作，应按什么规定补助的问题，经请示市财贸办公室批示同意，按以下办法补助：

一、各单位卡车按市政府规定在夜间执行运输任务的司机和随车人员，必须在外买饭吃的，按8元补助，可按白天午餐费规定两顿8元的标准执行，不再发夜餐费。

二、需要夜间工作的收发货人员，发给夜餐费6元。

××年×月×日

2. 指出下面这份通报内容存在的问题。

中共××市委关于表彰
刘晓同志不畏强暴勇斗走私犯事迹的通报

全市各级党组织：

共产党员刘晓同志是我市康新路工商管理所的青年检查员。他平时工作勤勤恳恳、任劳任怨、廉洁奉公，敢于向违法犯罪分子作斗争。特别是今年10月份，他在对一辆长途客车例行检查时，查获一犯罪分子携有大量走私物品，当场将其抓获。在押送途中，罪犯先以数千元相送，后又提出将走私物品和刘晓平分，但均被刘晓严词拒绝。罪犯凶相毕露，拔刀行凶，刺伤刘晓同志的脸部、胸部。刘晓同志身负重伤，但他临危不惧，与歹徒进行了顽强搏斗，在旅客的协助下，终于将罪犯制服。

刘晓同志今年25岁，参加工作4年来，一直机智地战斗在缉私岗位上，先后破获各种走私案件十多起，连续几年被评为先进工作者。

鉴于刘晓同志敢于同坏人坏事作斗争，在关键时刻又经受了严峻考验，特予以通报表扬。希望各级党组织发动党团员和广大青年向他学习。

××年×月×日

3. 指出下面这份报告内容存在的问题。

关于××年建设债券认购情况的报告

市政府：

为了适当集中社会闲散资金，加强以能源、交通为中心的重点建设，加快我国四化建设的步伐，解决国家建设资金的不足，根据我市实际情况，市政府决定向全市发行建设债券1 000万元。财政局根据我市教委前几次建设债券认购情况，今年分配给市教委1.8万多元债券，其中单位认购8 000多元，职工认购1万余元。经过教委全体同志的共同努力，××年的建设债券认购任务已经基本超额完成。现把认购情况汇报如下：

一、今年的建设债券发行量虽然高于往年，个人认购数量也相应高于往年，但在认购过程中，仍然坚持自愿的原则，根据每个人的具体情况，自行安排，自愿认购，所以顺利地完成了今年的认购任务。

二、领导重视。对建设债券的认购情况领导非常重视，开会动员，层层布置，深入细致地宣讲其意义和作用。

三、宣传发动工作做得好。几年来，我市根据建设的需要，先后已发行过几次债券，这次的发行量比往年大，对此，个别同志产生了一些不正确的认识，经过宣传动员，使同志们普遍认识到，发行建设债券并不是因为经济形势不好才发行的，而是筹集资金的一种手段。不正确的认识被纠正了，所以都能积极认购。

我们虽然完成了任务，但仍存在一些问题，如认购不均衡、有个别同志根本不认购，但我们也采取了一些强硬的措施。

××市教委
××年×月×日

五、指出下列公文存在的问题并修改

1. 指出下面这份通知存在的问题并修改。

××部关于成立摄影小组的通知

×发〔20××〕21号

我部成立一个摄影小组，目的是为了更好地配合“五讲四美”活动，丰富我们的业余文化生活，培养我们的情操，有利于我们提高观察生活的能力，从生活中挖掘出美的事物，使我们更加热爱我们的社会主义祖国。

本小组将聘请专业或业余摄影家来讲学，在1~2年内使本小组成员除了掌握摄影基本知识外，还能学会在拍摄过程中经常应用的知识，如追随法、逆光摄影法、高调摄影等，在冲洗照片过程中常用的冲洗放大、多次曝光叠加成像、修改底片等方法。待初步掌握了这些技能后，我们还将出外采访，从而更好地深入实际，了解社会，还将尽可能地游历祖国名山大川，拍出有浓郁生活气息和绮丽风光的艺术作品，并举办学员作品展览，评出优秀作品，对作者予以适当奖励。结业时，凡掌握了所学内容者都发给毕业证书，并赠送纪念品。总之，凡加入本小组的同志只要认真学习，虚心请教，相互交流，取长补短，切磋技术，都会在摄影技术上取得很大进步，成为国家有用的人才。

凡是对摄影有爱好的同志，可以自愿报名参加，要自带照相机，有摄影作品的同志最好交上来，以供录取时参考。活动时间每星期二、四下午，报名处在××部办公厅303室，报名时交一张一寸照片，报名时间5月1日至5月10日，过期不再补报。有关各项要求望及时发给各支部给予传达，尽快将名单报上来。

摄影是一门艺术，它会使我们的生活更加充实，激发我们对祖国的爱和为祖国献身的勇气，希望大家踊跃参加。

××部办公厅

××年×月×日

2. 指出下面这份请示存在的问题并修改。

请　示

××教委：

在改革大潮面前，在以经济为中心的形势面前，我们不甘落后。我们要做时代的弄潮儿，所以我们决定筹建印刷厂。

我们有技术力量，不是吗？我们有3名教师家属是市印刷厂的退休工人，这还不够吗？我们有36个班，将近2 000名学生，且还有周围四五所兄弟学校愿做我们未来的“上帝”，这不是产品的好销路吗？

我们的学校去年刚建立了一所教学楼，学生空出平房，喜迁高楼，这不是工厂场地吗？如果上级不予以答应我们的请求，那学校的经费紧张，教委就不得不多拨给一点，我们的教师子弟没活干，由此造成的教师队伍不稳定，我们也不负责任。

××中学

××年×月×日

3. 指出下面这份复函存在的问题并修改。

××中学给实验小学的复函

实验小学的全体员工：

你们好。

在这春风吹绿神州之际，喜悉贵校愿与卑校风雨同舟，结为友好，不胜感激，万分欣喜。结为兄弟学校后，我校愿约法三章，以固联袂之盟：

(1) 在联盟缔约生效之后，我校责成你们每年到我校学习提高。我校也将派教师到你们处学习，以便交流学术。

(2) 两校的教学用具相互交换使用，以便增进友情。我校的微机房无偿供贵校使用。贵校的足球场、电教室供我校使用。

(3) 两校的教职工子弟，进实验小学或××中学，在同等条件下，优先录取。

另：我校本周末要举行周末文艺汇演，有相声小品、豫剧清唱、通俗歌曲，内容精华。两校既结为兄弟学校，贵校即为贵宾，所以特邀贵校前来欣赏。

第三单元
事务文书

某中等职业技术学校的营销实训室已开设两年了。最近，学校打算扩大营销室的经营规模，并要求进一步完善各项管理，使营销实训室的操作更趋市场化、规范化。营销实训室的主管部门是商务专业部，而经营管理的日常工作基本由营销协会的学生干事负责。商务专业部主任安排营销协会的学生干事拟写一份营销实训室的相关规章管理制度。

营销协会的学生干事经过讨论后，决定分三步走：第一步，总结营销实训室过去两年在制度管理方面的做法和目前存在的问题；第二步，制订较具体的调查活动安排，分组调查了解广州市北京路一些有代表性的商家企业遵守规章制度的情况，并将搜集的第一手材料进行归类、整理、取舍剪裁、提炼，撰写成调查报告；第三步，对照所调查的商家企业的规章制度，策划拟写校营销实训室的系列规章制度。

从应用写作的层面看，营销协会的学生干事要完成这一任务，涉及总结、计划、调查报告及规章制度等一系列应用文的写作。这些文种的写作是出于解决实际问题的需要而拟写的，属于事务类文书的范畴。

第一节　事务文书概述

一、事务文书的含义

事务文书是党政机关、企事业单位、社会团体或个人处理日常事务，解决实际问题时常用的一种文书。主要包括计划、总结、调查报告、规章制度和简报。

从广义上讲，事务文书也属于公务文书，但行政公文和其他规约文书，其文种的使用范围都由相关部门在公文管理法规中作出了明确规定，并具有规范的体式、严格的行文规则和处理程序，一经印发，就具有法定效力。而事务文书是在实践中形成和相对定型的，其应用范围和写作格式具有“约定俗成”的性质，没有法定的格式和效力，一般不用来行使职权，主要是为了规范、指导本单位或部门的工作。

二、事务文书的作用

事务文书的作用主要表现为：（1）贯彻政策，指导工作；（2）沟通情况，联系工作；（3）积累和提供资料；（4）宣传教育，检查督促；（5）规范行为，约束行动。

三、事务文书的特点

1. 写作主体的广泛性。事务文书具有双重功能，既可以在办理国家公务或集体事务中使用，又可以在处理个人日常事务时使用。例如，如何推动国家的经济发展需要制定发展规划，而个人的事业发展也需要进行职业生涯规划；学期结束时，作为教师要做个人的学期工作总结，而学校办公室要做全校综合工作总结。与行政公文相比，事务文书的写作主体不仅局限于党政机关、企事业单位，社会团体和个人也可以是写作的主体。因此，该类文书应用面很广。

2. 现实的针对性。事务文书是为沟通信息、处理事务、解决实际问题而撰写的，具有鲜明的写作目的。本章开头的例子中，某校营销协会的学生干事为顺利完成商务专业部主任布置的任务，总结营销实训室过去两年在制度管理方面的做法和目前存在的问题，为开展调查而制订的调查活动安排方案及调查报告的撰写，都说明事务文书的写作具有现实的针对性。

3. 内容的专题性。事务文书总是为反映特定情况、解决特定问题、完成特定任务而写作的，因此，在内容的安排上，多为一文一事，主题集中，而非面面俱到。比如，规章制度的制定，某医院注射室所张贴的《注射室工作制度》、《消毒隔离制度》、《静脉输液制度》等，都说明事务文书讲究内容的单一、集中。

4. 写作的时效性。事务文书的写作要求写作主体要有时间观念，能尽快及时地写作。比如说，计划是事前拟订一定时期的具体任务以及完成这一任务的具体方法、步骤和措施，是为指导具体工作而制订的，具有一种先在性。若计划的拟写滞后，则不能发挥其指导和规范具体工作的作用，也难以保证预期任务的顺利完成。总结是事后对计划执行情况的总检查、总分析、总评价。只有通过肯定成绩、发现问题，汲取经验教训，才能更好地指导、开展下一阶段的实践活动；也只有通过总结，及时地让领导了解工作中的成绩和不足，才能获得领导的支持和帮助。若总结不及时，则会极大地影响工作的效率。而调查报告、简报等文种的写作，其时效性的要求则更加严格、迫切。

四、事务文书的写作要求

1. 选题要有实用价值和实际意义。要能抓住本单位或社会现实中的新事物、新经验、新问题、新趋势，对本单位、本地区的工作具有积极的指导意义。

2. 材料要客观、具体、典型。总结、调查报告、简报一类的事务文书，是作为加强领导和推动工作的重要工具，材料必须保证绝对真实，不能有丝毫的虚构、夸张、缩小和差错。同时，所用的事例要有代表性，这样才能增加文章的可读性和说服力。

3. 格式规范与灵活兼具，结构清晰。各类事务文书尽管在行文上都有其规范的格式，但与行政公文的法定格式相比，其形式还是比较灵活，如总结、调查报告留给作者构思和创新的空间较大。事务文书的作用和材料的充实要求其全篇结构脉络清晰，最好分条分项陈述，使读者便于把握全文的要领。

4. 语言平实，简洁准确。语言要朴素、通俗易懂，不用华丽的修饰手法，只需平直的叙述、简洁的说明、合理的议论。事务文书是用来处理具体事务的，因此，其语言还讲求简练，避免讲空话、套话，表意要准确恰当。

【例文】

中南公司章程（草案）

第一章　总　则

第一条　为贯彻省商业储运公司关于“储运、贸易、维修稳步增长”的经营方针，活跃市场，方便人民生活，特成立中南公司。

第二条　中南公司是在××省商业储运公司直接领导下的独立核算全民所有制企业，科级编制。地址在××市××路××号，法人代表是×××。

第三条　公司是为商品流通服务，方便购销、方便群众生活的经营机构。

第四条　公司的宗旨是：客户至上、信誉第一、优质服务、严格管理，不断提高经济效益和社会效益。

第二章　组织体制

第五条　公司直接对外进行经营业务活动。在经济中具有法人地位，经理是法人代表。

第六条　本公司干部、职工的来源是省商业储运公司，经营的资金由广东省商业储运公司拨款，注册资金为××万元。

第七条　公司实行经理负责制，经理是行政负责人，由省商业储运公司经理聘任，接受委托负责本公司的经营管理。

第八条　公司内部设置饮料部、开发部、家电部、储运部。

第九条　选出代表参加上级公司职工代表大会，树立职工主人翁责任感，保障职工当家作主的权利。

第三章　经营范围

第十条　本公司经营范围：主营：批发、零售、五金交电、家用电器、照相器材、饮料制品、工艺品、日用百货、纺织品、日杂用品、农副产品。兼营：批发、零售、塑料制品、装饰材料、代购代销、建筑材料、商品装卸、包装整理，横向业务联系。

第十一条　生产经营方式是：批发、零售、服务、代购代销。

第四章 经营管理

第十二条 本公司在上级公司指导下进行经营业务活动并遵守国家政策法令、制定各项规章制度，并严格执行。

第十三条 各项营业收费按国家物价部门规定标准执行，不得乱收费。

第十四条 在业务活动中以与对方单位签订合同的形式来明确各自的责任，如发生违约，按照《经济合同法》有关规定处理。

第十五条 公司内部各部门之间坚持团结协作、平等互利、利益均衡的原则，凡涉及某一班组的利益情况，必须及时协商妥善解决，不允许任何一方利益受损害。

第五章 财务结算和收支分配

第十六条 收入、费用、付款结算按中国人民银行制度规定办理。

第十七条 本公司会计核算按照《会计法》和《成本条例》以及上级规定的财务、会计制度进行账务处理，按国家规定照章纳税，做好审计工作。

第十八条 本公司实行经营承包责任制，由上级公司下达财务承包任务，所创超额利润由省商业储运公司定出留成比例，其余由省商业储运公司统一上缴国家财政。

第十九条 本公司对职工的劳动报酬实行“各尽所能，按劳分配”。

第六章 附 则

第二十条 加强对干部职工思想政治教育和业务培训，提高服务质量和业务水平。

第二十一条 公司领导必须关心职工生活福利，在力所能及的范围内解决职工实际困难。

第二十二条 定期对干部、职工进行考核，奖励和惩罚按《企业职工奖惩条例》和上级公司《人事管理制度》执行。

第二十三条 本章程未有规定的事宜及在实践中有不完善之处，其修订、补充权归本公司主管单位。

【评析】

本则章程属于企业章程。标题由制发单位（中南公司）和文种构成。由于公司尚在筹建，章程未经全体职工代表大会通过，因此此章程在标题后加了“草案”两字。

正文依据公司讨论决定的经营方略，采用章条式行文结构。第一章总则是章程的纲领，对全文起统率作用，共分 4 条，分别说明公司的性质、宗旨、名称、编制、地址和法人代表。第二至五章为“分则”，共 15 条，分别规定了公司的组织原则、经营范围、经营管理和财务结算、收支分配等事项。末章附则 4 条，说明职业政治教育、业务培训、领导与员工关系、考核以及修订权等未尽事宜。

本文属于事务文书中的“规章制度”类，行文格式规范，思路清晰，语言准确。

【相关知识】

行政公文与事务文书的区别

1. 适用范围及作用。行政公文用来处理机关公务，传达并贯彻党和国家的方针政策，是具有行政效力的工具。在发文者所管辖的范围内，行政公文具有法定权威性和法定效力。事务文书是处理日常事务的工具，一般不用来行使职权，主要是为了规范、指导本单位或部门的实际工作。其使用频率比行政公文要高。

2. 行文方面。行政公文各文种的使用都由公文管理法规作出了明确规定，并具有规范的体式、严格的行文规则和处理程序。事务文书没有法定的格式，其行文格式是在实践中形成和相对定型的，既有约定俗成的惯用格式，又具有一定的灵活性。

【小测试】

判断题：

1. 事务性文书不属于严格意义上的公文文书。（　　）
2. 事务性文书的写作主体是企事业单位。（　　）
3. 事务性文书的写作通常都发生于工作开始之前。（　　）
4. 事务性文书比行政公文的应用范围更为广泛。（　　）
5. 为增强文章的可读性，写作事务性文书可以综合运用叙述、议论、说明等多种表达方式。（　　）

第二节　计　　划

一、计划的含义

计划是对未来一定时期内的工作或需要完成的任务提出预想目标、制定具体实施办法而写作的应用文。计划的应用范围很广，在工作、生产、学习以及日常生活中都可能涉及计划的写作和运用，其写作主体可以是国家机关、企事业单位、社会团体以及个人。

二、计划的作用

应该说，制订计划是一种科学的工作方法，计划的写作在实际工作中具有非常切实的作用：（1）计划使工作目标化，可增加人们工作的主动性；（2）计划使工作步骤化，可确保工作有序进行；（3）计划可使工作成效的评价有据可查。

三、计划的特点

1. 目的性。制订计划是为了在一定时限内完成某项任务，因此，计划要有明确的目的性，要考虑“做什么”，能取得什么效果，并且要求各项指标具体明确。若缺乏明确的目的，则失去了制订计划的实际意义。

2. 预测性。计划是在事前制订的，是为未来工作目标或实践活动所作的一种预想性的部署和安排。制订计划前，须对目标作出预见，如实施计划的条件如何、前景如何等等。同时，也要对计划实施过程中各种可能出现的情况和变化，有足够的估计和周密的思考。

3. 可行性。计划既是行动的方向，又是工作的依据。在通常情况下，只要没有重大变化，就应该按照计划的内容去付诸行动。因此，计划所设定的目标要适当，过高则难于完成；过低则起不到指导、激励作用。计划中制订的各项措施、办法和要求必须具体明确，具有较强的操作性，能给未来的工作给予合理、正确的指导。

4. 客观性。计划文书虽然是人们主观意志对未来的设想，但这种设想必须是有理有据、有实现可能的、符合客观事物发展规律的想法。因此，在拟写计划之前，先要深入调查研究，核查上一个计划的执行情况，总结其经验教训，充分占有资料，了解各种因素，在此基础上，综合分析研究，提出切实可行的任务、指标和措施。

四、计划的种类

计划是一个统称，规划、安排、打算、设想、意见、要点、方案都是计划的别名。写作时应根据目标的远近、内容的详略、时间的长短等差别选用恰当的名称。

规划、设想（构想）：适用于时间长、范围较广的工作或项目，侧重于宏观层面使用，是所有计划种类的提纲，起总的指导作用，内容方面多为原则性的表述，粗线条式的勾勒。设想（构想）多停留在未定稿前的商讨阶段，或为酝酿讨论时的口语性表达，例如《关于××年的发展设想》。一旦经会议确定了最终的目标，用正式文件发放时，则使用规划名称。

意见、要点：上级对下级下达任务、布置工作。其内容表述也是粗线条的，对工作所定目标和方法步骤也属原则性的。

计划、方案：最能体现计划本义，是计划文种的典范名称，其内容表述较详尽，从目标要求、工作内容、方式方法到实施步骤等都要作出全面、具体而明确的安排。计划侧重于一个时段内的综合性工作，方案侧重于一个具体的工作项目。

安排：对短期内事项作最详尽的表述、最具体的布置。

打算：对近期将做事情的指标或措施作粗线条的考虑，多为口头表述，一般正式的计划不用这个名称。

计划的种类很多，按不同的标准划分，常见的有以下几种：（1）按计划内容分：学习计划、工作计划、教学计划、营销计划；（2）按计划范围分：国家计划、地区计划、公司计划、部门计划、个人计划；（3）按计划时间分：远景规划、五年计划以及年度、季度、月份计划。

五、计划的写作方法

计划的结构由标题、正文、落款三部分组成。

（一）标题

标题通常由单位、时限和计划内容组成，常用的标题形式如表 3－1 所示。

表 3－1

种　类	格　式	举　例
完全式标题	单位＋时限＋内容＋文种	《广州市 2015 年普法工作要点》
非完全式标题	时限＋内容＋文种	《“十二五”农村改水改厕规划》
	单位＋内容＋文种	《大悟一中新校落成庆典活动方案》
	内容＋文种	《新产品销售计划》
	事由＋文种	《关于进一步加强城市卫生管理工作计划》

如果所订计划还没有最后定稿，可在标题后加括号用“初稿”、“草案”、“讨论稿”等字样加以说明。

（二）正文

1. 内容结构要素：计划的正文通常由前言、主体和结尾构成。

（1）前言。前言是计划的开头，主要解决“为什么做”的问题。大体包括四个方面内容：概述本单位的基本情况，说明制订计划的依据、目的，提出总的任务和要求，阐释完成计划指标的意义。这四个方面的内容可根据实际情况作出适当选择，要求用语简明扼要。

在段落衔接方面，前言末句常以“为此，特制订计划如下（或：作如下计划……）”之类的过渡语转入主体部分。

（2）主体。这部分是计划的中心内容，一般必须交代清楚以下两方面的内容：一是目标和任务，就是根据需要和可行性，明确提出本计划在某一时段内要完成的工作任务和达到的具体标准和要求，着重解决“做什么”的问题；二是措施和步骤，着力解决“怎么做”、“何时完成”的问题，即针对提出的任务和目标，写清楚采取何种办法、利用什么条件、分几个步骤、由何部门何人具体负责、如何协调配合完成任务等内容。

在行文上，“目标”、“措施”及“步骤”这三方面的内容，可根据具体的写作对象灵活处理，既可分开写，也可将这三个内容放在一起写。对于正文不便表述的内容，可另作“附件”。

（3）结尾。结尾一般说明计划的实施要求，也可以提出希望或号召。有的则无需结尾。

2. 表现形式：根据计划的内容和表述需要，运用条文式、图表式、条文图表结合式编写计划。

（1）条文式：把计划分成若干条款或部分，通过文字叙述，逐一阐明计划的内容。大型计划一般要分章、节、目来写，中、小型计划常用序数或小标题划分层次，要求小标题能概括各部分或各段要旨。

（2）表格式：用表格来表达计划内容。表内栏目通常包括任务、执行部门、完成时间、具体措施等方面内容。这种格式适用于时间较短，工作方式变化较小，内容较单一、具体的计划。比如，能以数字指标确定工作数量和质量的生产、供应、销售、采购等方面的工作计划就常用表格式。

（3）条文图表式：上述两种形式综合运用。有的以文字叙述为主，附加表格；有的以表格为主，附加以文字说明。

（三）落款

落款要写明制订计划的单位名称或个人姓名，以及订立计划的日期。如标题已标明单位名称，落款处可不再具名。下发的计划还要加盖印章。

六、计划的写作要求

1. 要把预测性和可行性很好地结合起来。
2. 计划的目标、任务、措施、步骤程序等都要写得明确具体，切忌含糊不清、模棱两可。
3. 要从实际出发，事先进行调查研究，征求群众意见，以保证计划的认同度和可行性。
4. 语言要准确、明晰，各项内容都只用平直的叙述、简洁的说明，不需描写和抒情。

【例文】

南港市饮食对外经济贸易公司
2010年财务工作计划

20××年公司的奋斗目标是实现经营收入2.5亿元，比上年增长8%。实现净利润7 500万元，比上年增长5%。费用总额控制在900万元以内。

为确保上述奋斗目标的顺利完成，20××年我们应重点抓好以下四个方面的工作：

一、继续解放思想，转变观念

1. 要进一步强化市场竞争意识。随着对外开放步伐的加快……我们必须真正树立起强烈的竞争意识，努力在市场竞争中站稳脚跟。

2. 要大胆解放思想，变被动等待观望为主动出击、积极进取。要克服过去“搞外经是买方市场，外方老板说了算”的思想认识……大力密切同省、市同行业间的联系和合作，扩大信息网络和合作网络，互通有无、友好协作，共同拓展对外经贸业务。

二、切实加强对公司外向型经济工作的指导

为积极促进和加强公司各企业之间的联系和合作，进一步规范、统一公司的外向型经济工作，20××年，公司要在搞好自身经营的同时，加大对公司外经工作协调、指导的力度。

1. 进一步加强招商引资工作。实践证明，积极引进外资是公司改造大中型企业的重要手段……我们要利用各种机会，力争通过合资、合作等形式引进资金、技术、设备和管理经验，彻底改造公司属大中型企业3～5个。

2. 加强对已建成合资企业的协调和管理。年初，要重点抓紧协调鸿宾饭店办理合作经营与各项手续筹备工作……及时总结经验教训，认真搞好协调、服务和指导，确保公司外经工作的顺利发展。

3. 及时交流，传递外经贸信息，促进公司各企业间的联合与合作，互相支持、优

势互补、利润均沾，共同发展外经贸业务。

三、继续全力开拓经营

1. 多渠道、多工作、灵活多样地做好劳务输出工作……

2. 大胆开拓，谨慎经营，继续探索贸易新路子……

3. 抓好自身实体经营……

四、强化企业财务管理，从严治理企业

20××年，财务部要继续健全各项会计管理体制，完善企业财务制度，认真执行各项财务法规，加强资金管理，特别是加强对现金和票据的管理，严格各项费用支出的报销制度、控制支出，继续坚持“一支笔”审批制度，使财务工作更上一层楼。

南港市饮食对外经济贸易公司

20××年12月31日

【评析】

这是一篇企业年度财务工作计划。从结构要素看，开头两段是前言，交代了公司20××年要完成的总的财务目标和要求。正文从转变经营理念、指导全公司外向型经济工作、开拓经营及健全企业财务管理四个方面细化了总目标，并具体阐述了完成经营目标的措施、办法和步骤。整份计划目标明确、措施具体可行。从表现形式看，这份计划采用条文式，各部分通过小标题，将各项细指标与相应的办法措施、步骤糅合在一起处理，使得全文条理清晰，便于指导具体工作的开展。

【病例】

××区银行办事处中专班学习计划

近几年来，我们银行的青年职工人数越来越多，已经成了业务骨干力量，他们在经济战线上发挥着积极作用，展示了我国银行事业的希望和前景。但也不能忽视，一些青年由于理论水平低，文化素养差，科学文化知识贫乏等而感到工作没有意思。根据中国人民银行总行要求，为提高在职干部文化水平，我们办事处开办了中专班，脱产学习一年半，招生的对象是在银行工作两年以上，高中毕业或相当于高中毕业水平的同志。为了更好地完成学习任务，我们教育科计划如下：

一、学习内容

主要学习基础理论，学习政治经济学、哲学、货币概论、会计原理、高等数学、大学语文等20门课。

二、学习进度

第一学期，有数学、语文、政治经济学、货币概论、会计理论。第二学期，有语文、财政、转账结算、哲学、银行会计、商业会计、统计。第三学期，有应用文、党史、储蓄、企业管理、工业会计、工商信贷、政治思想教育、体育。学完一门课，进行一次结业考试，不再进行全面考试。

三、学习方法

任课教师：请××大学、××学院、××第二师范学校、××电大和银行的老师。学生上课时做笔记，课后做复习题、练习题，由任课教师批改作业。各门功课每学习完两章进行一次阶段考试，以检验学生是否真正掌握。

××教育科

××年×月×日

【评析】

此份计划有以下不足：

1. 目标不明确，即通过学习达到一个什么水平，没有具体明确的要求。

2. 措施、方法和步骤不具体，如“学习进度”这部分，连具体的学习时间也没有制订出来，学习从何时开始？何时结束？是全脱产还是半脱产？每学期多少课时？考试时间和方式等都没有明确制订。

3. “学习方法”这部分内容，不应列入计划的条款，因为它不应该属于计划范畴，可以改为“学习方式”。

总之，这份计划缺乏可行性，无法成为检查行动和执行情况的依据，已失去其指导性的意义。

【相关链接】

“凡事预则立，不预则废”，这句话强调了是否有事先的规划、设想，是保证做事成功与否的关键。例如：

我国著名的历史学家顾颉刚早在1924年的时候，就制订了一个《我的研究古史计划》。这是一个长达21年的规划，共分六个阶段。顾氏的这种精神，用“板凳要坐十年冷”来形容都远远不够了。联想到现在以“三十五岁退休”为奋斗目标的白领们，顾氏的人生计划可谓笨拙。是不是顾氏天资愚钝，迫不得已才“勤能补拙”的呢？

事实恰好相反。1920年，顾颉刚从北大哲学系毕业。1923年5月，顾颉刚在胡适主编的《读书杂志》第9期上发表了《与钱玄同先生论古史书》，震惊了学术界，他的学术地位至此可谓一飞冲天。这一年，顾颉刚刚30岁。

这个时候，顾颉刚如果来个“华丽转身”，转而追求仕途上和金钱上的成功，也并非没有可能。而且，在他的同龄人中，就不乏有这样的人。但顾颉刚一生的追求，只有学术。

要说顾氏的学术成就，也不用罗列他的那些著作，一个小故事就能证明：新中国成立后，顾颉刚到上海工作，当有人对他的高待遇颇有微词时，周恩来总理只说了一句话："中国能有几个顾颉刚？"

资料来源："顾颉刚的廿一年规划"，《应用写作》，2006 年第 3 期。

【特别提示】

关于计划正文主体部分条文式的结构类型

1. 并列式——综合性计划（适用于内容范围较广、综合性较强的计划）。其结构如下：

一、任务指标一（做什么）

方法步骤（怎么做）

二、任务指标二（做什么）

方法步骤（怎么做）

三、任务指标三（做什么）

方法步骤（怎么做）

……

这种结构模式的优点是可将目标任务与措施步骤一一对应，显得条理清晰，符合人们处理问题的思维习惯，便于实施。

2. 递进式——专题性计划。其结构如下：

一、任务指标（做什么）

二、措施方法（怎么做）

三、时间步骤

这种模式的优点是能突出重点，便于整体把握。

【小测试】

1. 给下列标题填上恰当的计划名称：

（1）《××市城市建设总体____________》。

（2）《中国人事考试中心××年度专业技术人员资格考试工作____________》。

（3）《国民经济和社会发展第十三个五年____________》。

（4）《国家科委关于科技人员业余兼职若干问题的____________》。

（5）《××市住房分配制度改革实施____________》。

（6）《关于今年中秋、国庆双节供应工作的____________》。

2. 下面是《××市园林局公园建设及管理工作计划》结尾部分，请谈谈这份计划的结尾交代了什么内容。

"文化建园不仅是中国园林的优秀传统，而且是适应新世纪园林发展的必然要求，因此要坚持理论联系实际的原则，继承优秀的传统文化，深挖历史文化内涵，同时要创造新时代的园林文化，建设各具特色的、具有现代文化水平的新型公园。在公园的建设和管理过程中，要善于运用科学理论和科研成果，增加公园的科技含量和知识含量，不断提高公园的科学管理水平”。

第三节 总 结

一、总结的含义

总结是单位、部门或个人对前一阶段或某项实践活动进行回顾、检查、分析和研究，从中找出一些规律性的认识，以便更好地指导今后的实践而写成的事务性应用文。

二、总结的作用

1. 把人们平常工作中的感性认识上升为理性认识。
2. 帮助人们检查上一阶段实践活动的成败好坏，找出经验教训，进而指导下一阶段的实践。
3. 理性的总结是制订计划的重要依据。
4. 有利于学会观察事物和分析问题，提高思想认识水平和工作能力。

三、总结的特点

1. 实践性。总结以回顾过去的工作、学习或活动情况为前提，是概括、分析本地区、本部门、本单位或作者本人自身实践的事实。因此，总结中的观点必须是从实践中抽象出来的认识，总结所援引的典型事例和确凿数据必须是实践中的真实、具体的材料，对所取得的成绩、成功经验不能夸大其词，对存在的问题也不能隐瞒或轻描淡写地一笔带过。正因为总结的对象是实践活动，所以凡是总结都采用第一人称进行叙述、论说。

2. 理论性。总结是认识客观事物、掌握客观规律的一种重要手段。总结的理论性表现在通过分析、评价、概括，将实践中获得的大量零散的、感性的认识上升为系统化的理性认识，总结出具有规律性的经验教训。因此，能否找出带有规律性的认识，用以指导今后的工作，是衡量一篇总结质量好坏的标准。

3. 平实性。总结以概括性叙述为主要表达方式，并辅之以适当的议论。与记叙文的叙述比较，总结不必把事情的经过写得完整而详细，也没有生动的细节描写，只需用平实、准确的语言，概括“做了什么”、“做得怎样”、“如何做的”；与议论文的议论相比，总结也不必为了雄辩而引经据典，只需靠客观的事例和数据来支撑观点。

四、总结的种类

1. 按内容分，有工作总结、生产总结、学习总结、科研总结、经营总结、会议总结等。
2. 按工作涉及参与的范畴分，有个人总结、单位总结、部门总结等。
3. 按时间分，有年度总结、季度总结、月份总结、阶段总结等。

4. 按性质分，有综合性总结和专题性总结。

(1) 综合性总结，又叫“全面总结”，即是单位、部门对一定时期内各方面工作所进行的全面分析总结，是全方位、多角度、深层次的总结。它反映的是工作的全貌，内容包括基本情况、过程、成绩、缺点、经验、教训等诸多方面。如《××职业技术学院××年工作总结》，就是对学院在该年度的办学模式、创新工作、教改工作、科研工作、人才评估工作、校园文化建设工作、师资队伍建设工作等等进行的全面总结。这类总结涉及的材料多，要求对材料的筛选和整理既要全面地反映各方面的工作情况，又要突出中心，抓住重点，做到点面结合。

(2) 专题性总结，就是专门对某项工作、某一方面的经验教训进行总结。如一个厂家抓好产品质量方面的总结，一个学校加强学生心理咨询辅导工作方面的总结等。这类总结内容集中单一，重点突出，针对性强，偏重于总结经验，有一定的思想深度。专题性总结一般理论性较强。

五、总结的写作方法

不同的总结，其写作目的、内容不同，写法也不同，但就其行文结构看，一般包括标题、正文和落款三部分。

(一) 标题

总结的标题形式不一，要根据总结的具体内容、目标和要求来拟订。

1. 单行式标题。

(1) 公文式标题：一般由“单位+时限+事由+文种”构成，运用这种标题形式显得庄重，富有公务文书的色彩。

(2) 文章式标题：即标题直接点明总结的基本观点或简明扼要地概括总结的中心内容。这种标题形式灵活，与公文式标题比较，更具吸引力。

2. 双行式标题，即标题中包含正副两个标题。正标题与文章式标题写法相同，副标题采用公文式标题。

两类标题的具体形式如表 3-2 所示。

表 3-2

种类		构成	举例
公文式标题	完全式标题	单位+时限+内容+种类	《化工学院××年度教学工作总结》
	非完全式标题	时限+内容+种类	《××年春季植树造林工作总结》
		内容+种类	《销售工作总结》
文章式标题	单行标题		《我们是怎样打开销售市场的》
	双行标题		《为用而学，学了能用——水利局开展干部岗位培训的体会》

(二) 正文

正文分前言、主体和结尾三部分。

1. 前言。前言是总结的开头，主要通过对所总结对象基本情况（如时间、地点、背景、工作内容、进展状况、总的收获、自我评价等）的概述，以便给读者一个总体的印象。

（1）汇报工作类总结：其开头内容侧重介绍开展工作的时间、背景、历程，及总体评价所做的工作。

（2）经验专题类总结：其开头内容一般先简介与先进经验有关的背景和情况，然后简明、突出地介绍所取得的主要成绩。

2. 主体。主体是总结的重点和核心，主要针对开头所述的基本情况具体展开，包括做法、成绩、效果、体会、问题及教训等内容。但在具体写作过程中，并非每一篇总结都要涵盖这些内容要素，可根据其写作目的和类型作出选择。

（1）汇报工作类的总结：主体部分多侧重于介绍工作过程与做法，并总结得失体会，分析存在问题。其目的在于通过发现过去工作中所存在的问题，以便改进下一阶段的工作。

（2）经验介绍类的总结：因为该类总结常发表在媒体上，其写作目的在于向社会宣传和推广先进经验，所以，主体部分一般只介绍做法、成绩和经验，不写问题。如果主体所涉及的材料很多，则在写作时要注意将这部分内容进行梳理、归类和层次安排，使之主旨鲜明、内容充实而层次清晰。在章法结构上最好采用小标题分类法、标项撮要法组织各部分内容。

- 小标题分类法：即运用小标题将各部分、各方面的内容概括出来，各部分再围绕相关的小标题展开论述。
- 标项撮要法：就是将各部分内容用序数词“一”、“二”……加以划分，并用简洁的语言概括各段、各层的大意，置于各段、各层的开头，统帅各段或各层的内容。

3. 结尾。结尾部分通常写今后的打算或努力的方向。打算要切合实际，方向要具体明确。如果这项内容在主体中已涉及，则可以不再另加结尾。

（三）落款

落款包括署名和成文日期，署名用单位全称/人名，成文日期要写明年、月、日。

六、总结的写作要求

1. 实事求是，内容真实。
2. 观点正确，中心突出。
3. 结构严谨，叙议结合。
4. 语言准确，措辞贴切。

【例文】

个人财务工作总结

今年，是我在燕之坊工作的第一年。虽然只有半年，但在各级领导的指导带领下，面对财务工作复杂的问题，我不断创新、不断改进，基本上完成了各项工作任务，现将这半年的工作做一个简要总结。

一、修正了财务管理理念

在未加入燕之坊之前，我对财务管理的认识比较模糊，认为财务工作也是属于算账型的，缺少经营管理的概念和意识。加入燕之坊后，特别是每次财务会议都让我增加了很多的财管知识，提升了我对财务管理更加细致的理解，特别是财务分析，让我深刻体会到合理分析是企业管理的重要途径之一，是战略决策的重要依据，促使我从一个算账型的财务逐渐向管理型转变，向理性数据转变，为我后期的财务工作指明了方向。

二、严守财经制度、认真履行职责，按月提报报表

在这半年以来，作为财务部负责人，我本着客观、严谨、细致的工作态度，复核各项会计凭证和原始单据，对不真实、不合理、不合程序的资金支出，坚决不予结算，努力加强控制预算额度，严格遵循资金审批权限及程序，保证了资金支出手续齐全完整；每月按照燕之坊的要求，准时出具数据报表，对收入、成本、毛利异常的，深入调查并追究，从而保证了收入、利润核算的正确性。

三、防范税务风险

为了公司稳健经营发展，在税务方面适当进行税务筹划以及会计处理，主要是将上半年流转税税负由原来的每月0.2%提升至下半年每月1%，将原先的增值税专用发票数量由34份增加至70份，弥补了收入无法开票结算的问题。为了解决税负存在的风险，定期与税务科长电话沟通，认真听取税务部门的意见并改进，使财务核算更加有效地完成，使公司规避了税务风险，与税务部门之间建立了良好的税企关系。

四、建立健全财务管理，实施有效财务监控，减少资金流失

我刚担任财务负责人时，核查中发现各部门流程存在很多漏洞，从而导致财务核算工作有很大难度，无法从财务角度规避亏损风险。为了加强整个业务流程中的财务控制，使财务管理工作更加正规化，我针对财务管理中的薄弱环节提出改进意见，并最终形成《财务管理制度》，为公司提高了经济效益。

（一）采购环节

为了规避采购环节带来的风险，我财务部要求采购部必须做好以下几点：

1. 淘汰不合格供应商，与合格供应商建立长期合作，主要为了货款结算，争取有利于我区的方式，保证合法开票、质量安全，货款有保障。通过这个方式，半年以来，采购共淘汰不合格供应商近10家，取得供应商返利8 500元，直接为公司创造近万元的净利润。

2. 必须开具符合政策规定的有效发票。在这以前，我区采购存在大量代开票情况，直接给公司带来较大税务风险。通过淘汰不合格供应商，按照财务要求的手续开具发票，直接解决了乱票、多票行为，保证了会计核算的有效性。

3. 调整货款支付时间，我财务部要求采购货款必须到货延后一个月至两个月支付，且全部对公结算，主要是为了规避采购环节存在的不确定性因素带来的风险，确保货物质量有保障，也同时起到占用供应商资金达到融资的效果。

（二）销售环节

企业的可持续发展必须靠盈利来支撑，而盈利主要来自于收入，为此销售环节的财

务管控非常重要。为了使销售环节实施有效监控，保证最终利润的实现，财务部主要在对外价格流程上加强管控，上半年我区购销外卖单品亏损严重，导致整体毛利率下降，为此下半年我财务部在购销价格方面提出要求，必须填制购销外卖申请单，先由财务审核毛利，正常的财务批准即可发货，非正常毛利的由我区总经理批准后在发货，并且财务部在每月月底制定购销外卖价格表，虽然不能完全为市场提供全方位的指导，但是基本上提高了购销毛利率10%，从而做到了事先指导的作用，确保了经济效益的提高。

（三）仓库管理

仓库是存货管理的主要部门，资金占用最大，部门职能在经营管理中职责是重中之重，因此在仓库管理方面作了以下调整：

1. 内部控制上，制单和审核分开，制单员的部分职能直接划入财务部管理，其中：在制单流程上，购销外卖单据必须见到财务部主管审核签字的申请单方可制单，从而起到了避免购销外卖负毛利的情况；在物流开单上，运费单位价格按照财务主管与物流事先确定的价格执行，且必须按照财务主管要求的方式登记明细表，方便核查，从而达到监控物流费用的效果。

2. 仓库收货环节：为了规避地采货物质量的风险，财务部要求采购、仓库、品管在收货环节必须检测货物质量与数量，且检测安全后在单据上签字，无品管签字的入库单，一律不予支付货款，从而做到事先控制质量风险。

3. 仓库日常管理上：结合我区内部的情况，仓库日常管理一直较差，为了改善这种状况，我对仓库管理调整了作业方式，实行“小分工、大合作”，对仓库卫生、码放分区分个人管理，由仓库主管统一指挥，发货、配货工作团结完成，日常管理每两天整理一次，截至12月31日，因仓库人员变动波动较大，虽然在管理上未能做到制度规定要求，但相比上半年有所好转。我坚信，只要适当调整考核力度及标准，一定可改善仓库管理水平。

仓库盘点上实行月底大盘，平时星期日抽盘几个变动较大的货物，虽然改进了方式，但是仓库依然存在较多损耗，相比上半年，损耗明显降低。

（四）资产管理

资产监管是财务管理中的重要职责之一，为了确保公司资产安全完整，财务部作了以下方面调整：一是资产增加，必须事先申请，且采取以旧换新方式，使公司尽量减少资金流，对新增加的固定资产，及时更新卡片；二是资产盘点中，对于未入账的资产单独表外登记，从而确保了公司资产安全完整。

（五）应收账款管理

应收账款是营运资金指标科目之一，在××年出现过3万元坏账，经我多次强烈向我区总经理发出催款函，必须解决坏账现象，谁经办谁负责，并提供解决办法，截至××年12月31日，所有坏账损失可能性消失，从而为公司挽回了损失，预计在××年2月收回所有坏账。

五、综述

虽然我在公司经营业务环节作了一些调整，起到管控的效果，但是因各部门个人能力水平及责任心问题，无法解决全部问题，需要在明年继续努力完成完善财务管理。××年度财务存在的主要问题是：

1. 报表上，存货占用资金太大，部分销售成本一直未确认，应收债权比重太小，存在近千万元收入未确认。

2. 会计核算上：我区财务部虽然编制 3 人，但是整体专业知识方面不够专业，需待提高。

3. 税务风险上：流转税税负偏低，截至××年 12 月，税负 0.7%，存在一定的税务风险。

4. 财务分析上：××年因部分财务数据不全，导致财务分析不够全面，其次分析项目不够完整，未能明显未经营管理提供指导性意见。

针对以上问题，财务部全体员工会在新的年度加强专业学习，钻研财务管理细节，主要加强销售额与回款核查环节、仓库物流、费用控制、资产调入调出、存货出入库上财务管理，使财务部门成为真正的创造效益部门。

××年×月×日

徐××

【评析】

工作总结要求人们对以往做过的工作进行冷静的反思。通过反思，提高认识，获得经验，为进一步做好工作打下思想基础。本文的回顾部分文字精练，主体部分的经验体会及做法，重点突出，又具有部门特色，各部分既有相对的独立性，又有密切的内在联系，阅读之后能让人抓住重点。文字朴实，简洁明了。

【病例】

××学院学报工作总结

学报从××年 11 月试刊，到××年 3 月，总共出版 5 期。除第 1 期印 1 万份，部分赠送外，第 2 ~4 期各 7 500 份（读者订购约计 5 800 份）。

出版学报工作，对我们来说，是一件新的工作，缺少经验。为了进一步办好学报，提高学报的质量，我们对一年来的工作进行了总结，希望各级领导同志和广大师生员工提出改进意见。

过去，我院没有出版过学报。为了丰富和提高社会主义财金理论，活跃学术空气，交流教学经验和反映科研成果，促进学院工作的发展，经学术委员会讨论，院务委员会决定出版《××学院学报》。一年来，学院出版工作受到各级领导同志的重视和广大师生的欢迎和支持，对活跃我院学术空气，反映科研成果，推动科研工作的开展，起到了积极作用。在编辑学报工作中，我们从订户的实际情况出发（大部分订户在基层），也刊登了一些他们所需要的稿件。

我们的学报也受到了社会的重视。一些兄弟单位对学报给予了肯定评价。有的单位还转载和复印了学报的稿件，截止到××年9月份的不完全统计，共有19篇文章被转载和复印。其中：中国人民大学报刊复印资料社复印14篇，《经济学文摘》摘发4篇，《文摘报》摘发1篇。

过去一年，总共出版（包括试刊）5期。发表稿件103篇，约计66.5万字。在发表的稿件中，本院占73篇，校外稿件30篇。发表的校外稿件，主要是财政部、总行领导同志在干校的讲话和撰写的文章，以及本刊的约稿和院内老师推荐的稿件。外面的自发来稿刊登很少，选用的只有1篇。

发表稿件103篇，其中本院教研人员70篇……

为了鼓励青年教师搞科研的积极性，使他们的科研成果能够得到及时反映，在保证一定质量的前提下，我们尽量优先采用。一年来，发表了11人的稿件，共计11篇，以研究所最多，3人发表4篇，金融系5人发表4篇。

但是，院内来稿数量还不多，远远保证不了学报的质量，稿件选择性很小，有时还不得不多刊登校外稿件。全院教师来稿100篇，发表70篇，占来稿的70%，如果把拟用稿件计算在内，则来稿基本上都被采用。这样一方面，稿件选择性极小，难以保证学报的质量。另一方面，出了这一期，下期储备的稿件就不多了，甚至有的专业成了空白，这也给按时出版带来一定的影响。同时，各单位来稿很不平衡，有的单位多一些，有的单位少一些，总投稿人数仅为教研人员的25%（有的单位来稿远远低于这个比例）。这样，势必出现各专业之间刊登稿件不平衡的现象。

××部要求我们，要不断提高学报质量，降低成本，尽早扭亏为盈。在工作中，我们注意贯彻这一指示，厉行节约开支。但是，由于学报初办，订户不多，还不能做到扭亏为盈。

学报总开支（成本），包括试刊，共计24 507元。××年1~4期开支19 310元。具体项目……全年印32 500份，单位成本0.594元，每本亏损0.194元，总亏6 200元。扣除人工成本费，则单位成本0.425元，每本亏0.025元，总亏730元。在学报发行工作中……

过去一年，学院出版工作能够取得一定成绩，是同各级领导和广大师生员工的关怀和支持分不开的。在学报出版工作中，××领导给了热情关怀和支持，细心审阅文稿，并为本刊写稿，希望我们把好关口，不断提高学报质量，努力办好学报。院领导同志经常过问学报工作，审定稿件，遇有问题及时帮助解决。

过去一年编辑部除一位副主编外，只有一人做具体编辑工作（11月份增加1人，但力量仍然很弱，同原定的3~4人还相差一半，急需配备人力）。所以，在编辑出版工作中，编委、各系、部、处、所的领导同志中，有15人给本刊投稿，发表18篇。他们当中，有些同志（例如金融系）积极为学报推荐稿件，并做认真修改。××干校出版的《探讨与交流》定期送给编辑部，在已发表的干校学员5篇稿件中，他们提供的稿件占了4篇。政教系×××老师除自己积极写稿外，还给学报组织稿件，经常对学报工作提出建议。×××老师为办好学报，做了不少工作。研究所从所长到一般工作同志，自始至终参加了学报的审稿、校对和发行工作，给学报工作以很大支持。在工作中，我们还得到了会计科、收发室、打字室同志的支持。

这里，我们还要特别提到的是，学报能按时出版、印刷也比较好，是同印刷厂领导和工人的努力分不开的……

当然，学报工作中还有不少问题。例如，稿件质量总的看还不高，办得不活，有的期安排的稿件显得少一些，有的文章长了一些，学生稿件刊登得也少，印刷质量还不够高。这些都需要我们认真加以改进。

出版学报，是全院的一项具体工作，不仅是哪一个单位的工作，不可能只靠少数几个人所能办好。因此，在新的一年里，我们希望各级领导同志和广大师生员工继续关心、支持学报工作，积极为学报投稿。我们相信，按照十六大精神，经过大家的共同努力，一定能够把学报工作提高到一个新水平，开创一个新局面。

××学院学报编辑部

××年1月

【评析】

这篇总结的不足之处是：

1. 没有认真选取和归纳材料，只是把手中所有材料堆砌起来，杂乱无章，像记流水账。

2. 中心内容不明确。此文主要总结的是什么？做法、经验或问题？对这些方面都没有提炼和归纳，没有把感性认识上升到理论。

3. 层次不清，文中看不出作者思路的轨迹和层次之间的逻辑关系。

4. 表述啰嗦，语言不简洁，文字重叠的多。

5. 标题的作者是“××学院”，但落款却是“××学院学报编辑部”，前后不统一。

【相关知识】

1. 汇报工作类的总结如在标题中出现单位名称，则落款处不再署名；如标题中未出现单位名称，则在落款处署名。呈文日期置于文后右下方。

2. 介绍经验类的总结署名一般置于标题之下，成文日期标于文后右下方。

【小测试】

判断题：

1. 总结也称“工作总结”。（　　）

2. 总结的行文结构一般包括标题、正文和落款三部分。（　　）

3. 总结要解决的主要问题是“怎么去做”。（　　）

4. 写总结应报喜不报忧，便于以后工作。（　　）

5. 为了充分说明问题，写总结时可用点夸张手法。 （ ）

6. 总结一般用第三人称写。 （ ）

【特别提示】

总结与计划的关系

1. 总结是计划执行的结果，做总结要以计划为依据；而计划是总结的发展，下一阶段的计划应以上一阶段的总结为依据。两者相互制约、相互促进。

2. 总结是过去时，回答过去某一时期“做了什么”、“做得怎样”；而计划是将来时，回答未来某一时期“做什么”、“怎么做”。

第四节 调查报告

一、调查报告的含义

调查报告是根据特定的意图，对某事物、某现象、某问题或某专题进行有目的的调查研究之后写成的有情况、有分析的书面报告。

从使用范围看，调查报告是机关、企事业单位在工作中普遍使用的一种事务文书，也是报刊上常用的新闻文体。

二、调查报告的作用

1. 调查报告可以获取大量的第一手信息和资料，为领导正确决策和指导工作提供依据。
2. 可及时发现事物发展的新动向，以便更好地把握工作的主动权。
3. 可用来推广成功经验、先进典型，以促进物质文明和精神文明的建设和发展。
4. 可用来揭露工作中存在的问题和揭示某一事件的真相，以便引起社会的关注。

三、调查报告的特点

1. 客观性。

（1）态度的客观性，即尊重客观实际，不凭作者的主观意愿去捏造调查对象或现象。

（2）材料的客观性，即调查报告所涉及的事件过程、事例、数据，必须来自实际，必须是客观现实的真实反映。

（3）结论的客观性，即调查报告所提炼的观点、见解、主张、建议及原因分析必须以客观事实为基础。

2. 针对性。调查报告是为一定的目的而进行的。从现实的工作需求出发，及时了解情况，研究总结经验，披露社会普遍关心的问题或尚未引人注意的问题，以便科学地指导和推动工作。

3. 典型性。即典型性的经验，总结具有代表性和推广价值的经验；典型性的问题，按时代要求，应该能够给予解决，但却未能引起足够重视或未能得到很好解决的问题。

4. 时效性。调查报告所反映的是社会生活中迫切需要解决的问题，并及时反映新情况，分析社会现象，提出解决问题的对策或建议。

四、调查报告的种类

根据调查的对象和目的，可分为以下三类：

1. 反映社会情况的调查报告，主要反映某地区、单位、行业或某一方面的基本情况、发展动态。这类调查报告应用最为广泛。

2. 推广典型经验的调查报告，主要反映社会实践中具有一定代表性和普遍推广意义的经验，以给本地区、全社会带来积极的作用。

3. 揭露时弊问题的调查报告，用大量的事实揭露某一不良倾向或风气，指出问题的严重性，以引起社会的关注，并由此吸取教训，提高认识，推动工作。

五、调查报告的调查方式

在应用写作中，调查报告是较难写却又非常重要的文种之一，在写作上对作者的综合素质有较高的要求，涉及调查、分析、综合及研究等多方面的能力。因此，理清调查报告的写作步骤是写好调查报告的必要环节，而做好调查前的准备工作和材料的分析、归纳工作是其中的两个关键步骤。

1. 做好调查的准备工作（确定调查方案）。

（1）确立调查目的，确定选题。

（2）拟订调查提纲，包括调查目的、要求、调查的对象、范围、重点以及调查方法、时间、进度的安排。

（3）设计调查问卷。

①调查问卷的主要内容。

• 被调查者的基本情况，主要有姓名、性别、年龄、文化程度、单位、职业、住址等。调查这些项目便于对搜集到的资料进行分类和具体分析。

• 调查内容，这是调查问卷的核心部分，是所需调查的具体项目。

• 问卷填写说明，是指填写问卷的具体要求和方法，包括目的要求、项目含义、调查时间、被调查者填写时应注意的事项、调查人员应遵守的事项等。

②设计要求。能将所要调查的问题明确地传达给被调查者。问题和答案的设置要合乎情理，能使被调查者乐于回答。要求用语要礼貌，以便获得被调查者的支持、信任与合作。

（4）常用的调查方法。

①典型调查法：在一定的总体范围内，选择有代表性的典型样本为对象进行调查的一种深度剖析的方法。

②观察法：通过调查者直接深入实地的观察而进行搜集资料的方法。

③访问法：通过与对象进行交流讨论而获得较深层次信息的方法。

2. 研究分析材料，处理好观点与材料的关系。调查完后，要认真地整理、分析、归纳所调查的材料。写作调查报告需要全面占有各种材料，既要有直接的、现实的、正面的、面上（一般情况）的材料，又要有间接的、历史的、反面的、点上（典型事例）的材料，力求材料充实。

另外，调查报告也要在铺陈材料的同时表明作者的观点。观点来源于大量调查材料的分析，又反过来统率材料。调查报告既不能流为材料的堆砌，也要防止观点脱离材料的支撑。总之，调查报告要正确处理材料与观点的联系，做到有理有据。

六、调查报告的写作方法

调查报告的写法有很多种，但基本格式大体相同，一般由标题、正文和署名三大部分组成。

（一）标题

1. 单行式（公文式或文章式）。

（1）公文式标题，重在表现调查报告的主题，能使读者对调查对象和调查事件有个大概了解，标题的结构模式是“关于 + 调查对象或主要事由 + 文种”，例如《关于大学生消费问题的调查报告》。

（2）文章式标题，主要概括调查报告的基本内容，拟题方式可分为两种：一种是直陈调查报告的中心内容或基本观点，例如《着力减轻国有企业非税负担》。另一种是使用能够暗示调查报告主要内容的设问或反问句做标题，例如《药价为何高居不下?》。

2. 双行式。标题的结构模式是文章式（正标题）与公文式（副标题）组成，例如《靠高质量低成本开拓市场——春兰集团公司调查》、《不要让子孙后代埋怨我们——关于华北地区河流污染情况的调查》。

（二）正文

正文通常由前言、主体、结尾三部分组成。

1. 前言。前言是调查报告的开头部分。前言部分要求开门见山，简明扼要，提纲挈领，紧扣主题，给人一个总体的概念。

（1）“写什么”的问题。不同类型的调查报告，其前言内容的侧重点也不同。

- 反映情况的调查报告，侧重介绍调查的背景、原因和结果。
- 揭露问题的调查报告，侧重介绍是什么问题、调查的目的、原因。
- 推广经验的调查报告，侧重于概括被调查对象所取得的成绩、经验、突出主旨。

（2）“怎么写”的问题。调查报告前言的写法形式多样，常用的有四种：

第一，叙述式。概括叙述调查的目的、经过、方法、范围、结果等，然后由此引起下文，使读者有一个比较完整的了解。

例如《为何有理说不清——基层干部说理能力的调查与思考》的前言：

“说服教育，以理服人，是做好基层经常性思想工作的一条重要原则，要求基层干部应该具有一定的说理能力。为了了解基层干部说理能力的底数，我们专门调查了 20 个单位 382 名基层干部，被调查的干部中，说理能力较差的有 95 名，占 25%。再从平时掌握的面上情况看，部分基层干部做思想工作时说理能力比较弱是个普遍性的问题。概括起来，主要有以下几种表现……”

第二，提问式。先提出问题，以引起读者的阅读兴趣，问题的答案就是调查报告的中心内容。

例如《大学生心理工资价位：工资底线是多少》的前言：

“日前，上海市劳动和社会保障局最新发布了‘应届毕业生工资指导价位’。有了这份‘身价谱’后，大学生也开始盘算起自己的‘小九九’——指导价位和大学生们的心理价位究竟差多少？”

第三，问答式。开篇围绕标题提出问题，并针对所提问题作答。

例如《明天送子女何处读书》的前言：

“公办教育、民办教育、出洋留学，市民愿意将自己的孩子送到哪类学校去读书？中国经济景气监测中心日前对北京、西安和武汉三市900多位居民进行的调查显示，尽管公办教育仍然唱主角，但海外教育、民办教育开始受到市民的青睐，网络教育前景看好。”

第四，结论式。先把调查结论告诉读者，亮出作者的基本观点，使读者对调查情况有个总体的概念。

例如《军嫂来队“请客忙”探微》的前言：

“笔者最近在基层调查发现，干部战士家属来队请客忙的现象相当普遍，少的请三五场，多的达到十几场。被请的对象有领导，有老乡，还有战士。这样不仅耗费了大量的精力、财力，影响工作和学习，还会引发一些矛盾，影响夫妻感情。”

2. 主体。

（1）在内容处理方面，不同类型的调查报告所侧重的内容也不同。反映社会情况的调查报告内容包括“情况、分析”；推广经验的调查报告着重介绍“成绩、经验（做法、效果）”；揭露问题的调查报告则主要揭露“存在的问题、产生的原因”。

（2）在结构层次安排方面，调查报告通常采用以下三种结构方式：

第一，横式结构，也称“并列式结构”，即从几个方面或不同的角度分别阐述事物，各部分之间是并列关系。

第二，纵式结构，也称“层递式结构”，各部分内容之间逐层深入。可按照事物发展变化的时间先后顺序组织材料；也可按照事理顺序组织衔接各部分。一般分两个层次写：先运用大量的事实材料和数据统计分析，推导出调查结果；再针对存在的问题提出相应的对策或建议。

第三，横纵式结构。总体上将材料分为并列的几个部分，在每一部分内按照事件发生、发展顺序组织层次；或总体上将材料以纵式结构排列，各部分内又以横式结构组织层次。

在语言表达方面，调查报告以叙述为主，通过概述具体情况和典型事例来反映事物的全貌，同时，还必须运用议论和说明的表达方式对事实材料进行分析和评论，总结出规律，表明作者的倾向和观点。

3. 结尾。调查报告的结尾一般有以下几种方式：反映社会情况的调查报告结尾可针对情况提出建议；推广经验的调查报告结尾可阐述重大意义，提出希望；揭露问题的调查报告结尾可提出处理意见和改进措施。

（三）署名

署名时要注意，如果是单位署名，可将单位名称放在标题中（用公文式标题）或下一行中间位置；如果是个人署名，可署在文尾右下方；若要在报刊上发表，就应该放在标题下面。需要署日期，一般在正文末尾的右下方。

七、调查报告的写作要求

1. 材料应属实，时间、地点和调查对象要俱全。

2. 认真分析研究材料，能找出规律，概括出合乎事理的观点，并要求做到观点和材料的统一。

3. 全部事实的叙述和说明要求用直陈方法，不用描写、抒情的表达方式。

4. 结构布局要合理，做到主次分明，层次清晰。

【例文】

我省城市公民社会道德状况调查分析

改革开放20年来，我省经济发展取得了令人瞩目的成就，与此同时，社会主义精神文明建设亦取得了前所未有的进步。为了解城市居民的社会道德状况，省城市调查队在1998年10月份对600位城市居民进行了一次公民社会道德状况调查。

一、调查方式和调查对象基本情况

这次调查采用无记名上门访问调查方式，调查对象为城市居民家庭的户主，调查问卷有效率达100%。从性别看，男性占48.7%，女性占51.3%。从年龄看，16岁到30岁占17.3%，31岁到40岁占28.2%，41岁到50岁占34.7%，51岁到60岁占14.7%，61岁及以上占5.2%。从文化程度看，小学及以下占6.5%，初中占22.8%，高中（含中专、职中）占46.0%，大专占19.7%，本科及以上占5.0%。从职业看，各类专业技术人员占13.8%，国家机关、企事业单位负责人占8.5%，办事人员和管理人员占31.3%，商业、服务性工作人员占12.7%，生产、运输工人及有关人员占9.7%，个体、私营业主占3.8%，个体、私营业被雇者占2.0%，离退休人员占9.2%，下岗职工占2.2%，失业、待业人员占1.8%，家务劳动者占0.8%，从无工作人员占0.5%，其他占3.7%。从婚姻状况看，已婚占86.7%，未婚占10.8%，离异占0.5%，丧偶占2.0%。从以上看，调查对象具有一定的代表性。

二、城市居民思想道德认识水平较高

据调查答卷汇总，分三方面（见表3－3至表3－5）反映居民思想道德认识情况。

表3－3　社会公德认识水平　单位:%

观　点＼程　度	很同意	基本同意	说不好	不太同意	很不同意
随着社会发展，更应提倡无私奉献、助人为乐的精神	64.33	32	1.83	1.34	0.5
市场经济，应当突出个人利益和价值。因此，救助落水人时，索取相应报酬是很正常的	2.17	4.5	10.17	26.5	56.66
现在是市场经济，有钱才能好办事，人与人之间的关系应首先以钱来衡量	6.33	19.17	9	35.67	29.83

表 3-4　职业道德认识水平　单位:%

观　点\程　度	很同意	基本同意	说不好	不太同意	很不同意
无论做什么工作，都应勤奋努力，尽力而为	64.67	32.17	1.5	1.66	0
从长远讲信誉和服务是财富。但经商的目的是赚钱，应以眼前利益为主，先赚钱再说	6	27.5	13.83	37.67	15
“有权不使，过期作废”，如果有了权力，就要多为自己和亲友办事	6.67	12.5	15.67	28.33	36.83

表 3-5　家庭美德认识水平　单位:%

观　点\程　度	很同意	基本同意	说不好	不太同意	很不同意
“家和万事兴”，保持家庭和睦是幸福生活的基础	82	16.67	1.17	0.16	0
“邻里好，赛金宝”，应当保持一种团结互助的邻里关系	74.33	24.83	0.67	0.17	0
夫妻之间谁挣钱多，谁的社会地位就高；谁对家庭的贡献大，谁的家庭地位就高	2.67	8.83	9.33	42.17	37
独生子女的父母对孩子娇惯溺爱一些是正常的	2.67	22.67	7.83	40.5	26.33

从以上几个表可以看出，我省城市居民的社会公德、职业道德和家庭美德认识水平较高。其原因主要是由于历年来各级党委和政府高度重视，对社会主义思想道德建设进行了卓有成效的探索和实践，从基本道德规范建设入手，相继推出了《新三字经》、《社会公德四字歌》、《家庭美德四字谣》等思想道德教育读物，树立了韩素云、姚慈贤、陈观玉、李楚生等一批有较大影响的先进典型，先后推出了一批具有较高水平和较大影响的社科研究、文艺创作和影视优秀作品，各地普遍开展了“百歌颂中华”、“百书育英才”、“百片扬国魂”等寓教于乐的群众性文化、思想道德建设活动，拓展群众性精神文明创建活动的深度与广度，通过加强广泛宣传，务求实效，提高了广大城市居民对社会公德、职业道德、家庭美德的意识水平，居民道德观念加强。

三、居民的社会道德水平比改革开放前高

1. 认为社会公德水平上升的占一半以上。在调查中，当问及“与改革开放前相比，当前的社会公德水平如何”时，认为上升的占被调查者的53.0%，没有变化占11.2%，下降占35.8%。从文化程度差别看，初中文化程度的认为上升的占59.0%，其次为大专占53.4%，从不同年龄看，16~30岁评价最好，其次是51~60岁（见表3-6）。

表 3-6　不同年龄对当前社会公德水平的评价

按年龄分组	总　计	上　升	没有变化	下　降
合　　计	100	53	11.17	35.83
16~30岁	100	58.65	11.54	29.81
31~40岁	100	50.88	14.2	34.92
41~50岁	100	52.88	10.1	37.02
51~60岁	100	53.41	7.95	38.64
61岁及以上	100	45.16	9.68	45.16

2. 认为职业道德水平上升的占54%。当问及“与改革开放前相比，当前的职业道德水平如何”时，认为上升的占被调查者的54%，没有变化的占14%，下降的占32%（见表3－7）。

表3－7 **不同职业人员对当前职业道德水平的评价**

按职业分组	总计	上升	没有变化	下降
合计	100	54	14	32
各类专业技术人员	100	44.58	18.07	37.35
国家机关、企事业单位负责人	100	64.7	15.69	19.61
办事人员和管理人员	100	56.92	13.83	29.25
商业、服务性工作人员	100	63.16	11.84	25
生产、运输工人及有关人员	100	46.56	17.24	36.2
个体、私营业主	100	56.53	13.04	30.43
个体、私营业被雇者	100	75	8.33	16.67
离退休人员	100	38.18	14.55	47.27
下岗职工	100	30.77	23.08	46.15
失业、待业人员	100	63.64	0	36.36
家务劳动者	100	60	20	20
从无工作人员	100	66.67	0	33.33
其他	100	59.09	0	40.91

3. 认为家庭美德水平上升的占58.7%。当问及“与改革开放前相比，当前家庭美德水平如何”时，认为上升的占被调查者的58.7%，没有变化占14.2%，下降占27.2%。其中，已婚和未婚的人认为家庭美德水平上升的占多数，离异、丧偶的人认为下降的占多数（见表3－8）。

表3－8 **不同婚姻情况人员对家庭美德水平评价**

被调查者按婚姻状况分组	总计	上升	没有变化	下降
合计	100	58.67	14.17	27.16
已婚	100	58.85	14.62	26.53
未婚	100	63.07	9.24	27.69
离异	100	33.33	0	66.67
丧偶	100	33.33	25	41.67

四、乐于助人、敬业爱岗、热爱家庭是当前社会道德的主流

调查结果表明，自觉遵循道德规范，乐于助人、敬业爱岗、热爱家庭是当前社会道德的主流。

在调查问卷中，我们把调查对象假设为当事人，对日常生活中在公共场所遇到的社会现象提出问题，回答的情况是：认为在公共汽车上，有必要给孕妇让座占被调查者的

67.3%。当问到“在马路上有一个迷路的小孩。您看到后，会采取何种做法?”时，回答①“送到派出所”占48.8%；②“问明情况，如有可能，与其父母取得联系”占42.3%。职业道德方面，当问到“您是否热爱自己的职业（工作）”时，回答“热爱”的占70.3%。家庭美德方面，如问到赡养老人的态度和方式时，被调查者都认为要赡养老人，只是赡养方式不同。当问及“当夫妻之间经常发生矛盾时，作为当事人，您会采取哪种态度”时，回答①“双方坐下来充分交换意见”占42.5%；②“找机会，主动和解”占37.5%。

五、当前思想道德领域的薄弱环节

我们还列出一些有关社会公德、职业道德、家庭道德的社会现象，并要求被调查者结合自己的见闻和感受，对其存在的程度进行判断，具体是：

1. 社会公德方面。“不维护公共卫生，如随地吐痰、乱扔污物，禁烟场所抽烟等”现象，认为“普遍存在”的占57%，“有时存在”的占36.2%。“遇到盗窃、行凶之事，不报案或予以制止，而是围观凑趣，或赶快离开”。认为“普遍存在”的占43.5%，“有时存在”的占42.2%，“很少存在”的占14.3%。

2. 职业道德方面。认为“效率低下，缺乏责任感”现象，“普遍存在”的占18.5%，“有时存在”的占52.8%。认为“执行公务时，利用职务之便，以权谋私、损公肥私”现象，“普遍存在”的占35.3%，“有时存在”的占49.8%。

3. 家庭道德方面。认为“不孝敬老人甚至虐待、遗弃老人”的现象，“有时存在”的占49.5%。认为“过分溺爱孩子”现象，“普遍存在”的占35.2%，“有时存在”的占47.0%。

六、对加强思想道德教育的看法

调查结果表明，大多数被调查者认为今后对公民开展社会道德教育重点应放在社会公德教育，依次为职业道德教育、家庭美德教育；开展的方式主要是加强舆论宣传，以及从孩子抓起。社会公德教育的重点应放在遵纪守法、文明礼貌、助人为乐、见义勇为。职业道德教育的重点应放在作风廉洁，办事公道。家庭美德教育的重点应放在爱护和正确教育子女。

广东省城市调查研究中心

【评析】

这篇广东省城市公民社会道德状况调查报告正文的前言采用叙述式的写法，简要交代了开展调查的背景和调查的目的及调查的范围。

主体采用标项撮要法衔接各部分内容：第一部分交代“调查方式和调查对象基本情况”，这部分内容也可放在前言中，但单独列一部分作较为详尽的介绍，既可增强调查资料信息搜集的科学性和可信度，又可在视觉效果上更突出醒目；第二、三、四部分之间采用并列式结构安排层次，通过具体的数据统计进行推理分析，归纳出调查的结果；第五部分结合数据指出当前思想道德的薄弱环节；第六部分针对调查的结果提出加强思想道德教育的合理建议。因此，从整体构架上看，结果—问题—建议这三个方面的内容又形成层递式结构关系。

在说理分析方面，调查报告是一种靠事实说话、用事实明理的文章。本文十分注重数字说明，运用精确的数据，可以简明地反映出广东省城市公民社会道德状况，既使材料与观点达到了高度统一，也使调查的结果分析、存在的问题显得客观、真实，解决问题的对策具有很强的针对性。

本文没有专门的结尾。该篇文章语言简洁，观点鲜明，有理有据，令人信服。

【病例】

大学教育忧思录

——对大学毕业生的情况调查

对当代大学毕业生22项质量指标的综合评价显示，当代大学生相对优势因素有爱国热情、进取精神、专业水平、知识结构、适应能力等；相对不足因素有计算机使用能力、处理人际关系能力、身体素质、文明修养、合作精神、敬业精神等；绝对不足因素主要是心理素质、创新能力、写作能力、科研能力、自我认知等。

从调查数据分析，高校现有人才培养模式的以下不足值得注意：

其一，在处理"成才"教育与"成人"教育的关系上有失偏颇。由于以往我们一直强调大学教育是一种"成才"教育，因而往往忽视了对学生如何为人处事的"成人"教育，致使毕业生在"处理人际关系能力"、"合作精神"，特别是"心理素质"和"自我认知"等方面有所欠缺。

其二，在能力培养方面未能与时代的发展合拍。用人市场对当代大学毕业生的"创新能力"、"科研能力"、"语言表达能力"等显现出明显的不满。

其三，忽视对"科学精神"的培育。大学传授给学生的不只是知识能力，更重要的是培养学生追求真理、追求科学的精神。

因此，有关教育专家提出，应当考虑建立高校新的人才培养模式：努力改进"成人"教育措施；大幅度增加以创新能力为核心的"特殊能力"培养，同时要加强对学生进行"科学精神"的培植。

调查显示，"敬业精神"是用人单位最为看重的素质，占了90%。敬业精神意味着对自己工作的热爱、投入和执着，员工的敬业精神也是一个单位生存与发展的基本条件。

分析和解决问题的能力、独立工作能力和实践动手能力这些体现一名大学生实干能力的素质，也是今天企业选择人才时特别看重的。

即使在今天这个强调能力和创新的年代里，学习成绩仍然是一项无法替代的主要指标，用人单位对此非常看重。

对社会需要"专才"还是"通才"的提问，74%的被调查单位选择了通才。但是，用人单位对大学生"专业基础知识扎实"、"知识适用性强"、"知识自我更新能力强"的素质普遍比较侧重。可见，过硬的专业知识功底，善于根据时代变化的需要，不断更新自己的知识结构，始终是用人单位所看重的。

通过调查分析，发现当前用人单位选用人才与实现单位功效目标有密切关系，选用人才首先考虑的是要能为单位带来效益，带有过强的功利性。由此带来的“三重三轻”值得我们警惕。

“重用人，轻育人”，指用人单位看重使用人才，而轻视培养人才。中国文化传统中提倡人才“用养并重”，古代更有“养士”的做法。国外现代著名企业都非常重视对人才的培养。相比之下，我国用人单位就显得较为“急功近利”了。

“重能力，轻品质”，即看重马上为单位带来效益的工作技能、技巧，而轻视人才内在的某些品质，如“社会责任感”、“生活态度”及“社会公德”等。从表面来看，这些品质似乎并不能直接转化为单位效益，但从长远来看，这些品质却是极其重要的资源。

“重手段，轻目的”，指一些用人单位只注重通过使用人才获取效益，却轻视充分满足人才的需要。人才作为社会发展的重要手段，只有为社会作贡献，社会才能生存和发展；但社会发展又必须以满足人才的各种需要为目的，这样人才才有奉献的动力，二者缺一不可。

【评析】

本文存在三方面的问题：

1. 标题与文章内容不相符。标题不能统辖文章内容所涉及的范围。

2. 本文缺少前言部分，没有交代调查的目的、方法、对象、范围等基本情况，故主体内容显得突兀，没来由、没根据。

3. 写法不规范，导致文章内容显得散。其实全文只涉及了三个方面，即：大学生的优势与人才培养模式的不足、社会需要什么样的大学生及用人单位对人才的“三轻三重”。文章显得较散的原因，主要是没有用简洁的观点句或小标题把每一方面的内容明确概括出来，使层次清晰，观点与材料统一。即使不用观点句、小标题，也至少应用序号标注出几个大部分，使文章形成三大板块，这样才符合应用文写作对内容层次安排的要求。而这样处理也才符合应用文写作的书面格式，符合文体要求。

【相关链接】

读书问卷调查

各位老师、各位同学：

您们好！

为了提高我校图书馆图书、期刊资源建设的质量和水平，特就有关问题进行调查，您的积极参与对这次调查非常重要。请您仔细阅读每个问题，填写您认为最合适的答案。本问卷答案无对错之分，问卷也无需署名。谢谢您的合作！

填写说明：请在问卷相应地方选择或填写，选项可选单选或多选。

1. 您的性别：□男　　□女
2. 您的职业：□老师　　□学生
3. 您经常查阅的文献形式：
□图书　　□期刊　　□学位论文　　□会议文献
□专利文献　　□网络数据库
4. 您阅读的主要原因是：
□工作、学习需要　　□主动学习新知识、新技能　　□提高修养
□开阔视野，增长见识　　□满足家长、学校的要求　　□休闲
5. 您较多阅读什么类别的图书？
□英语类　　□经济类　　□生活类
6. 您目前较多阅读什么类别的杂志？
□理论学习类　　□时事新闻类　　□财经类　　□文学类　　□体育类
□科技类　　□旅游类　　□娱乐类　　□其他
7. 请您写下您最爱看的或最想推荐的十本图书（或杂志）。

【小测试】

一、判断题

1. 调查报告是以事实为依据，从典型材料中引出观点得出结论。（　　）
2. 调查报告从表达方式看，叙述的成分较重，它和记叙文相同，但从主旨上看，它必须表明一定的观点，有述有论，因而它又和议论文相同。（　　）
3. 写好调查报告，最主要、最根本的是确立观点。（　　）
4. 调查报告的调查不是为调查而调查，而是要解决问题的。（　　）
5. 调查报告的结语只是指出存在的问题就可以。（　　）
6. “一进仓库门，只见老鼠横冲直撞，蜘蛛张灯结彩，麻雀大闹天宫。”这段语言生动形象，对于调查报告而言准确、得体。（　　）

二、分析题

背景材料：兴城市高勒镇的下岗女工不畏困难，勇闯就业新路，不仅实现了再就业，还减轻了政府的负担。某报记者就此进行了采访调查，并撰写了一份调查报告，文章的标题为《高勒镇饮料厂成长记》。

要求：结合所提供的背景材料，评析这个调查报告的标题拟写得是否恰当。

【特别提示】

调查报告与总结的异同

1. 调查报告与总结的相同点：
（1）都必须以客观事实为依据。
（2）都必须通过材料来说明观点，做到观点与材料的统一。

2. 调查报告与总结的区别：

（1）应用范围不同。总结，除经验总结常在报刊上发表，作广泛宣传之外，一般用于总结本部门、本单位或个人前一阶段实践活动的做法、经验及教训；而调查报告既可用于调查某一单位或个人的“点”上的情况，也可从历史到现状综合调查社会“面”上的情况。

（2）写作目的不同。总结主要是通过检查自己的工作，以便更好地指导未来的工作；而调查报告是从全局出发，通过实地调查，获取第一手资料，以便为正确制定决策、指导工作提供可靠的依据。

（3）写作的角度和人称不同。总结多为本单位或个人自己行文，常用第一人称；而调查报告则因某种需要，由上级机关、或其他与工作有联系的单位，派人作调查后写成的，是以第三者的立场行文的，常用第三人称。

第五节 规章制度

一、规章制度的含义

规章制度是国家行政机关、社会团体、企事业单位依照国家法律、法令和政策，在各自权限范围内制定的具有法规性、指导性与约束力的应用文书。

二、规章制度的作用

各种规章制度是在内容上对某方面工作、某项工作或某一事项作出的规定和要求，对有关方面、有关人员的行为具有规范和约束力。因此，建立和健全各种规章制度是机关、企事业单位实施规范化管理的必要途径，是保证各项活动高效、有序的重要手段。

三、规章制度的特点

1. 针对性。规章制度都有确定的适用对象和使用范围，其内容具有明确的指向性。同一类型的规章制度，在不同的部门和单位有不同的侧重点和内容要求。从部门或单位的实际出发制定的具有针对性的制度和规定，才能言之能行，行之有效。

2. 约束性。制定规章制度的目的出于规范人们的言行、强化工作职责、管理学习生活秩序的需要。多数规章制度具有法规的属性，是依据上级有关规定或精神制定的，因此，它一经公布，就对有关单位或个人的言行举止具有约束性乃至强制力，必须遵守执行。失去了约束力的规章制度就失去了存在的意义。

3. 稳定性。规章制度公布后应持续相当长的一段时间，若朝令夕改，则会造成秩序混乱。如遇形势重大变化而非改不可，一般也是对原有条目进行修改。

4. 广泛性。规章制度涉及的对象非常广泛，与国家机关、社会团体、企事业单位、集体和个人都有关。而其使用范围，上可至国家最高领导机关、管理部门，下可至企业、公司、基层部门、科室等。

四、规章制度的种类

规章制度是一个总称，可分为行政法规、章程、制度和公约四大类。具体文种有条例、规定、办法、细则、章程、制度、规则、守则、规程、须知和公约等。此外，标准、准则、规范等也属于规章制度。

不同的规章制度，其制发者、内容、适用范围及作用也有差异，详见表 3 – 9。

表 3 – 9　　部分规章制度比较简表

类别	文种	内容和作用	制发者	举　例
行政法规	条例	对某一方面的行政工作作比较全面、系统的规定，是具有法律性质的文件	国务院、省、直辖市和自治区人大	《中华人民共和国城市维护建设税暂行条例》
	规定	对某一方面的行政工作作部分的规定，提出较为具体的执行意见和管理措施，是法律、政策、方针的具体化形式，是处理问题的法则	国务院各部委、地方各级人民政府及所属部门	《关于出版物上数字用法的试行规定》 《城市燃气安全管理规定》
	办法	对某一项行政工作作比较具体的规定，包括处理某些问题的具体方法、标准	同上	《船舶升挂国旗管理办法》
	细则	为实施“条例”、“规定”、“办法”作详细、具体或补充规定，对贯彻方针、政策起具体说明和指导的作用	同上	《广西壮族自治区车船使用税施行细则》（是贯彻《中华人民共和国车船使用税暂行条例》而制定的详细规定）
章程	章程	用来系统规定一个组织或团体的宗旨、性质、组织原则、机构设置、成员的权利和义务、纪律等的纲领性文件，具有准则性和约束性的作用	政党、社会团体、企业或其他组织	《中国共产党章程》 《中华全国总工会章程》
制度	制度	有关单位和部门制定的，要求所属人员共同遵守的准则	机关团体、企事业单位及其部门	《安全生产制度》 《企业会计制度》
	规程	生产单位或科研机构，为了保证质量，使工作、试验、生产按程序进行而制定的一些具体规定	同上	《××型电子计算机操作规程》
	规则	1. 国家机关制定的有关行政、经济、治安、技术管理等规程化、制度化的规范和准则 2. 社会团体、企事业单位为维护劳动纪律和公共利益而制定的要求大家遵守的条规	同上	《公路交通规则》 《××图书馆借书规则》
	岗位责任制	有关单位和部门按工作岗位划分职责任务的制度，具体规定各岗位员工应该做什么、达到什么标准	同上	《总会计师岗位责任制》
	守则	机关团体、企事业单位要求其成员遵守的道德规范和行为规则	同上	《中学生守则》 《心理咨询人员工作守则》
	须知	有关单位、部门，为了维护正常秩序，搞好某项具体活动，完成某项工作而制定的具有指导性、规定性的守则	有关单位、部门	《游园须知》 《更换商品须知》 《参观须知》
公约	公约	人民群众或团体经协商同意而制定的共同遵守的准则，对参加协议者有约束力	人民群众、团体	《广州市人民文明公约》

资料来源：《应用写作》，孙宝水主编，高等教育出版社 2000 年版，第 196 ~ 198 页。

五、规章制度的写作方法

规章制度的结构一般由标题、正文和落款三部分组成。

（一）标题

1. 由“制发单位+规章内容+文种”组成，如《国务院关于审计工作的暂行规定》。
2. 由“适用对象+规章内容+文种”组成，如《××公司职工奖励办法》。
3. 由“制发单位+文种”组成，如《中国银行章程》、《××文学社章程》。
4. 由“适用对象+文种”组成，如《中学生守则》、《广播站工作人员守则》。
5. 由“规章内容+文种”组成，如《广告管理条例》、《乘坐扶梯安全守则》。
6. 直接用规章制度的文种名称作标题，如《注意事项》。

如果所订规章制度是草案或暂行、试行的，可以在标题内规章种类名称前写明，也可在标题后面或下面加括号注明，如《××商场职工奖励办法（试行）》。

（二）正文

规章制度的正文部分大致有章条式和条文式两种行文体式。

1. 章条式。对一些内容较多、涉及面广的规章制度，可以把全文分成若干章，每章下列若干条款。第一章为总则，主要概括说明制定本规章制度的依据、目的、原则、适用范围、主管部门等；最后一章为附则，补充说明本规章制度的解释权限、实施办法及日期等；中间各章为分则，是规章制度的主要内容，对各种规定和要求作具体说明。

2. 条文式。对于内容相对简单的规章制度，则常采用条文式。条文式在具体运用中表现为两种形式：一是前言条文式，分前言和主体两部分，前言不设条，用简要的语言说明制定规章制度的目的、依据、性质和意义，主体部分则分若干条款列出具体的规定和要求；二是条文到底式，即全文都运用条款的形式表达各项内容，使行文显得干脆利落。

（三）落款

落款写在正文右下方，由制发机关名称、制发时间构成。如果标题已注明制发单位，则此处可省略。

六、规章制度的写作要求

1. 制定规章制度时，要准确选择文种，不可越级越权。

2. 文字表述方面要求周密、严谨、规范。内容要求面面俱到，对所涉及的各个方面，都必须作出相应的规定。该怎样做、不该怎样做、哪些情况该奖罚等等，要考虑细致而周到，不能有遗漏和疏忽。规定的具体要求必须切合实际，不能过高。另外，措辞不能有歧义，不能含混不清、似是而非，或自相矛盾，要力求具有逻辑的严谨性。

3. 结构安排上要求清晰明畅、布局合理。为了便于表述、援引和记忆，规章制度在表达上采用条理分明的章条式或条文式的方法，这要求对条文的先后顺序、内容主次进行精心设计，注意各章、各条内容之间的内在逻辑联系，避免内容的交叉。

4. 规章制度的写作态度要谨慎，需经过多次反复认真的推敲、审议、修改，甚至试行一段时间后才能定稿。

【例文】

会计主管岗位责任制

一、在单位主要行政领导和总会计师领导下，全面负责本企业会计机构的财务会计工作。

二、负责组织和实施制定有关财务管理和会计核算方面的管理制度和方法（如内部结算方法，财务管理若干规定，成本核算方法，原材料、产品管理方法等）。

三、负责组织实施月、季、年度财务收支计划，层层落实与分解，并负责对执行情况的检查、分析与建议。

四、定期审核各种会计报表、年度决算报告及财务情况说明书，并对上述会计报表、决算报告和有关资料所提供会计信息的真实性、合法性、准确性承担责任。

五、参加有关的生产经营、对外投资洽谈合同的会议，提出会计建议，供领导决策参考。

六、实行会计监督，严格维护财经纪律，对重要的财务收支业务应亲自作不定期的抽查和复审。

七、负责组织会计人员日常的政治和业务学习，支持会计人员依法行使职权。

八、负责检查各会计岗位履行职责的情况，及时提出指导意见，并负责对会计人员工作业绩进行考核和奖惩。

九、负责搞好同生产、经营、业务、采购、供销等部门之间的协调工作。

××公司

××年×月×日

【评析】

这是一份会计岗位责任制度。会计岗位责任制度是指独立核算的企业会计机构对会计人员进行岗位职责分工的管理制度。

岗位责任制度的标题要明确地写明具体的岗位，本则制度的标题“会计主管岗位责任制”表明了其约束、规范的特定对象。正文采取了条文到底式的写法，这是岗位责任制度常用的行文结构。作为一则会计主管岗位责任制度，此内容包括岗位职责、工作权限和协作要求。落款部分交代了制定单位和制定日期。

【病例】

自行车棚管理制度

为了加强我厂自行车棚的管理，贯彻从严治厂，坚持文明生产，维护正常秩序，经研究规定：

1. 凡我厂职工的摩托车、自行车，其证件、牌照、零件齐全，能遵守管理制度者，均可存放。

2. 外单位人员存车除来厂办事以外一律不予存放，违反者送保卫部门酌情处罚。

3. 在本厂施工单位职工可集体办理存放手续。

4. 摩托车应在车棚内规定区域存放，存取时间在晚10∶30前，早5∶30后（厂内值班加班者持分厂、科室证明除外），其他时间一律不予存放。

5. 职工在存放车棚前应认真检查零部件是否完整。鉴于车棚设备简陋，管理人员有限，车棚管理人员除加强责任心，注意安全检查，保证整体不丢失和主要大部分的完整外，车辆在存放过程中发生的零件缺损，管理人员概不承担责任。

6. 存取车辆的职工与车棚管理人员要互相尊重，密切配合，对无理取闹、影响正常存车秩序者，送交保卫部门严肃处理。

此制度自公布之日起执行。

厂办公室

××年×月×日

【评析】

本例文存在以下几方面问题：

1. 条文内容经不起推敲，语言漏洞较多。如第二条的规定中的“来厂办事”是办公事还是私事，没有明确说明；至于“处罚”就更没有依据。另外，摩托车存放规定了时间，那么自行车存放有无时间限制？还有，文中有关责任不明确。第五条规定：“车辆存放过程中发生的零件缺损，管理人员概不承担责任。”既然自行车存放在车棚，管理人员就应有责任保证车辆存放的安全，否则就可能造成管理上的漏洞。

2. 语言不准确、不简明。

【相关知识】

1. 关于规章制度中“条例”、“规定”和“办法”的具体使用问题。在名称使用上，“条例”的制发者一般是国务院，有时也可以是省级地方人大；“规定”和“办法”可以由不同层次的机关制定。如《广东省防御雷电灾害管理规定》、《广东省预算外资金管理办法》。国务院制定的“条例”、“规定”、“办法”属行政法规，在全国范围内有效。地方法规，仅在其所辖区域内有效。国务院各部门制定的“规定”、“办法”属部门规章，只在所属系统内有效。另外，“规定”和“办法”也常在一般的规章制度中使用。

2. 对于基层单位的制度，其正文一般第一条写制定制度的目的、要求、适用范围等，中间各条款写制度的各项具体规范，最后一条写施行制度的要求及生效日期。

【小测试】

某一公司的职代会主席在总经理的建议下，通过了一项规定，其中有一条为：“无论哪个部门，献血者年龄一律从小到大，依次轮流；不愿献血者，罚款100元。”试分析这条规定是否定得合理，为什么？

【特别提示】

写作章程的注意事项：

1. 撰写章程必须符合国家的法律、法规和方针政策。

2. 凡章程从撰写初稿到定稿，一般经过讨论、修改和会议通过等环节，即需经由各方深入磋商，对条款内容反复讨论修改后，才可能正式形成章程（草案）。

3. 要从现实的可能条件出发，对于一些把握不准的提法和难以操作的规定，不能勉强写入，以免影响条款实施的严肃性。拟写内容时，用词要仔细斟酌，力求使条文严谨、周密和规范。

第六节 简 报

一、简报的含义

简报，就是信息和情况的简要报道，是具有汇报性、交流性和指导性的简短、灵活、快捷的内部小报。它是单位内部为迅速反映日常工作和业务活动情况而编发的带有新闻性质的书面材料。其适用范围广，党政机关、人民团体、企事业单位经常运用简报反映情况、沟通信息、交流经验、指导工作。因此，简报也可以看做是简要的调查报告、简要的情况报告、简要的工作报告、简要的消息报道。

在实际运用中，简报还有许多别称，如“情况反映”、“情况交流”、“内部参考”、“简讯”、“动态”、“要情”、“摘报”、“工作通讯”等等。

二、简报的作用

1. 下情上报，汇报工作，反映情况。
2. 上情下达，互通信息，交流经验。
3. 为宣传部门提供报道材料。

三、简报的特点

1. 编发的时效性。简报要能迅速而及时地反映情况和问题，这与新闻报道相类似，要求写得快、编得快、印得快、发得快。

2. 表达的简明性。简报要“简”，语言必须简明精练，其篇幅特别简短，一期简报短则只刊登一篇文章、几段信息或一期几篇文章，总共一两千字，长的也不过三五千字，读者可以用很短的时间把它读完，适应现代快节奏工作的需要。简报采用“概括叙述”的表达方式，只概括事实的精髓和意义，不写事件细节。

3. 内容的专业性。公开的报纸，一般是综合性的，涉及的范围广，涵盖政治经济文化各个领域、各行业、国内外的新闻；在文体方面，除新闻外，还有文艺作品，它能满足各阶层读者的需要。而简报一般由有关单位、部门主办，专业性十分明显。如《人口普查简报》、《节水工作简报》、《实习简报》等等，分别由主办单位组织专人撰写，传递该项工作的核心的、重要的、突出的信息，包括情况、经验、问题和对策等。它主要是满足本单位内部、上下级单位之间的信息传播、情况汇报、工作指导的需要。

4. 交流范围的限制性。简报在多数情况下，是在编报机关管辖范围内各单位之间交流、传阅，不宜甚至不能公开传播，特别是涉外机关和政府机关主办的简报更是如此。有的简报有较严格的保密等级，在报头的上方印有“机密”、“内部资料，注意保存”等字样，其阅读对象限定在一定范围内。

四、简报的种类

按照简报反映的内容分类，简报可分为动态简报、工作简报和会议简报。

1. 动态简报：动态简报，又称信息简报，主要反映各部门、各领域最近发生的新情况、新动态。

（1）思想动态简报，如反映员工对工资、福利等问题的认识与看法。

（2）业务动态简报，主要反映与本部门、本企事业单位有关的业务动向、人事变动，如《部分机电产品市场行情》、《学术动态》等。

2. 工作简报：这类简报主要反映工作中的情况、过程、方法、经验、教训和问题。是经常性的、不定期编发的长期性简报。

3. 会议简报：这类简报是一种临时性的简报，主要用于一些大、中型和重要的会议，是专门报道、交流会议重要内容、进展情况，反映与会人员意见和建议的一种文字形式，有利于组织与引导会议。会议简报反映的内容包括会议的概况、议程、进程、中心议题、讨论情况、与会人员的意见、建议等。

规模较大、时间较长的会议常要编发多期简报，以起到及时交流情况，推动会议的作用。小型会议一般是一会一期简报，常常在会议结束后，写一期较全面的总结性的情况反映。

五、简报的写作方法

简报分为三部分：报头、报体和报尾，其结构格式如下：

密级 编号 ××简报 第×期 ××××编　　　　××××年×月×日印
(标题) (正文)
报：×××× 送：×××× 发：×××× 共印××份

（一）报头

报头，又称“版头”，一般占首页1/3的上方版面，用间隔红线与报体部分隔开。

报头的结构要素包括简报名称、期数编号、编发单位、印发日期、密级及份号。

在行文格式上，简报名称在居中位置，用套红大号字体，要求醒目大方；期数编号在简报名称的正下方；编发单位应在期数编号下面左起顶格写，要写明编发简报单位的全称；印发日期以领导签发日期为准，写在与编发单位名称同行的右侧，年、月、日均要写明，“日”应位于右侧的最后一格。

（二）报体

报体包括标题和正文。文章一般不具名，必要时可在正文右下方加括号注明供稿单位或供稿人。报体部分的结构要素包括：

1. 标题。简报的标题类似新闻的标题，要能揭示主题，简短醒目，且富有吸引力。表达形式比较灵活，分以下两类：

（1）单行标题：概括式，如《2015中国节水用水先进技术设备展览会倍受关注》；设问式，如《民营企业怎样渡过春天前的严冬》。

（2）双行标题：即采用正、副标题，正标题概括事实、揭示文章的思想意义，副标题起补充说明的作用。如《贯彻落实会议精神，实现招生过千人——我校传达落实医药经济工作会议精神纪实》。

2. 正文。一般包括前言、主体和结尾三部分。

（1）前言（导语）。前言是简报正文的开头，相当于消息的导语，通常只写一句话或一段话以概括说明全文的主旨或主要内容，给读者一个总的印象。一般要交代清楚主要事实（时、地、人、事、因、果六要素）或概括文章的主题。

（2）主体。主体是简报的主干，是对前言的展开，要求运用充分、典型的材料，对报道的内容做具体的叙述和进一步的说明。在篇章处理方面，可以按照时间顺序，也可以按照逻辑顺序来组织材料。若正文篇幅较长，还可以采用小标题、序数法等手段衔接各项内容，以使文章层次清楚。

（3）结尾。简报常见的结尾方式是用一句或一段简短的话小结全文内容，或者指明事物发展的趋势，或者提出希望。如果这些内容已在主体部分写明，或者简报所报道的内容单一，篇幅短小，就可以不要结尾。

（三）报尾

报尾位居简报文章结束最后一页的底部，与报体之间也有一条横线隔开。内容包括：报、送、发的单位名称及印刷份数等。

报：指简报呈报的上级单位。

送：指简报送往的同级单位或不相隶属的单位。

发：指简报发放的下级单位。

如果简报的报、送、发单位是固定的，而又要临时增加发放单位，一般还应注明“本期增发××（单位）”。

六、简报的写作要求

1. 材料要准确，内容真实。简报和新闻一样，是靠事实说话的，其所报道的事、人、时、地及各种数据要真实可靠；同时，内容要实在，不空洞。

2. 选材立意要新鲜。简报的选材立意要新，要有新闻性，要力求反映工作或现实生活中的新情况、新问题、新经验、新观点、新趋势。

3. 文字要简练。

（1）材料典型，主题集中，一篇文章只反映一个主题，观点鲜明。

（2）语言简洁，开门见山，直陈其事。

（3）结构简明，线索单一，脉络分明。

［例文］

××房改简报

第一期

××市房改办公室 编　　　　××年×月×日

按：××矿务局房改办为确保住房制度改革中“提租补贴”政策的正常运转，10月份对全局所属单位进行了全面调查。这次调查，得到了各级领导的支持，组织严密，投入自查的人员多，自查效果大，在全市是绝无仅有的。他们这种对工作认真负责的精神，为全市各房改单位做出了好榜样，也充分反映了领导和房改办的工作人员高度重视住房制度改革，坚持执行房改政策，敢于和善于自查自纠的工作作风。现将××矿务局《房改工作检查情况的汇报》转发给你们，供参考借鉴。

房改工作检查情况的汇报

为确保住房制度改革，实现“提租补贴”的正常运转，真正做到“一手发出去，一手收回来”。在两步到位运转一周年之际，局房改办于今年10月份召开了各单位房改办主任会议，部署了房改大检查工作，要求各单位以自查的形式，进行“两查四核实”。“两查”是：查补贴范围，查漏扣资金；“四核实”是：核实住房面积、租金额、补贴基数、补贴金额。经过两个月的自查核实，截至11月底，大多数单位都已基本完成。

已查实的16个单位中，除有5个小单位参改人员较少，没有发现问题外，其余的大多数单位都不同程度地查出了问题。据九矿、三厂、局直、基建公司等14个单位的统计，在被调查的62 863户承租户中，漏扣资金的有484户，占0.7%，少扣资金168 552.58元。在已发补贴的91 578人中，不该发补贴的有218人……通过追扣漏扣租金和多发的补贴，可追回资金205 783.24元。

这次检查核实工作，之所以能取得较大的收获，主要原因有以下三点：

1. 领导重视，业务部门配合。在局里召开房改办主任会议以后，按照要求，各单位立即行动，有的矿长亲自挂帅，召开了工资、财务、房管和工会有关人员参加的房改工作会议，进行了动员并布置了工作。如××矿副矿长××同志，就亲自召集了财务、审计、工资等各科科长会议，要求这几个部门把检查工作当成自己业务的一部分，给房管科以大力支持，并抽出一名工薪员专做检查核实工作。因此，这个矿虽然职工居住分散，人员调动频繁，检查工作难度大，但经过两个月的工作，仅漏扣资金一项就查出57户，少扣租金23 343.53元。补贴方面的问题，还在继续检查中。

2. 配备力量，分层包干。（略）

3. 执行政策，方法得当。（略）

报：××××

送：××××

发：××××

（共印××份）

【评析】

这是一篇结构完整、反映专题工作情况的简报。值得注意的是该篇简报的按语部分，作为上级部门下发给下级部门的简报，按语突出了正文内容的典型性和全市房改工作的指导作用。该简报的观点和材料结合紧密，所用事例典型。正文通过大量数据展示了××矿务局房改办的工作成绩，并总结了房改工作三条经验，对全市的房改工作具有一定的借鉴或启示意义。

【病例】

简　报

（第×号）

××局编　　　　××年×月×日

抓好文化补习　促进生产发展

××厂是一个青年职工较多的单位，这些青年职工中的大多数人，都是十年动乱中毕业的中学生。由于文化水平低，识图、测算等工作都适应不了，直接影响了生产任务的完成。针对这种情况，厂里狠抓了青年职工的文化补习工作。

首先，厂领导非常重视。他们把“文化补习”列入了党委的议事日程。党委认为，抓好这件事，不仅是当前生产的需要，也是长远利益的需要，也是对青年人的培养。因此，一定要下大力气抓好。各级干部都应该打通思想，改变单纯生产的观点，全力办好这件事。党委统一了思想，又进行了必要的调查研究工作，最后制定了青年职工文化补习计划。计划公布以后，又召开了干部、老职工及青年职工的座谈会，号召大家要齐心，做到生产、学习两不误。“青年职工文化补习”的计划公布以后，厂工会、共青团及各车间领导都为落实计划动了脑子，想了办法。他们一方面协助厂教育科找教室、请教师、买教材，另一方面，还深入青年职工中做好动员工作。打消了一些认为“学了用处不大，现在凑合着干也差不多”、“以前学的东西都忘光了，再学也跟不上，太丢脸”等等错误思想，激发了青年职工学习的自觉性和积极性。报名和编班，本来计划用一周的时间，但后来只用了3天的时间。

文化补习正式开始以后，来任课的教师和有关的技术人员，积极性都很高，也很尽心，有力地保证了补习工作的进行。教师们为了把课教好，经常找青年职工摸底，征求意见，使讲课有具体的针对性。教师们做这些工作，常常是利用自己的业余时间进行的。临时来任教的技术人员，虽然他们文化水平高，生产经验丰富，但却缺少教学经验。为了能够讲好课，他们积极向教师学习教学经验，下班后认真备课，有时常常熬到深夜，他们教课也同样受到了好评。

参加学习的青年人，开始的时候，背着一些包袱，学习情绪不太高，但是由于领导的关心，老师的耐心帮助，逐渐端正了认识，打消了顾虑，积极投入了学习。有的青年并且提出保证，一定要夺取学习和生产的双丰收。有的青年为了好好学习，找到以前的老师给以帮助，还省吃俭用，买了必要的参考书。

××厂的文化补习，突出地结合了生产，坚持讲以致用和学以致用的原则。老师讲课，除了照顾书本知识的系统性以外，还紧紧结合生产中的具体问题，取得了“生产中遇问题解不开，课堂上一讲就明白”的效果。青年自己也坚持边学边用。由于学习结合了生产，青年感到很实在，有用处，所以都很起劲。

通过前一段的文化补习，不仅没有耽误生产，相反却大大促进了生产。文化补习以来的6个月，月月都超额完成生产任务，彻底改变了过去“凑凑合合达定额”的状况，这6个月的生产总值，与以往同期相比，超过了30%。

××厂虽然抓文化补习取得了显著成绩，但他们并不满足，决心扩大学习面，把学习引向深入。

【评析】

这是一份以介绍经验和做法的简报，但其在格式和内容上都存在着一些问题。

1. 格式不规范。如报头部分，简报名称不完整，应写成“情况简报”、“工作简报”等。缺少报尾部分内容。

2. 内容中心、重点不突出。本文标题是对全文中心的概括，那么重点应该谈抓学习与促生产的相互关系。但文章第二至四自然段却大谈补习班的创办、组织工作、教师积极性和端正学习态度，只在第六自然段笼统地谈了一点“学以致用”、“结合生产”，造成文章内容本末倒置，没有了中心和重点。

3. 本文材料不具体不典型，更谈不上真实感。全篇没有一个实际的事例，只是在作一些表面上的陈述，给人以空洞之感。这样“不知所云，不知所往”的简报，已失去了参考和教育价值，达不到用先进经验和做法来推动工作的目的。

【小测试】

判断题：

1. 简报的按语是以编者的名义写的，它只起参考的作用，因此指导作用不大。（　　）

2. 简报只能一事一反映，不能写成综合性的。（　　）

3. 简报是可以让单位所属职工知道的，与一般正式公文不同，因此简报没有保密性。（　　）

4. 简报不可以采用双行标题。（　　）

【特别提示】

有的简报还在文章标题之上加写按语。按语是用来表明办报单位的主张和意图的文字，有三种类型：

1. 说明性按语：介绍稿件的来源、编发原因和发至范围。

2. 提示性按语：提示稿件内容，帮助读者理解稿件的精神。

3. 批示性按语：也叫要求性按语。主要写在具有典型意义或指导作用的稿件前面。一般声明意义，表明态度，并对下级提出要求或提供办法。

简报按语的作者不是简报本文的撰写者，一般由编发机关指定有关人员来写，最好请编发机关的领导亲自写。

综合练习

一、选择题

1. 下列标题写法正确的是（　　）。
   A. 《理工学校教学××年度第一学期计划》
   B. 《××年度第一学期理工学校教学计划》
   C. 《理工学校××年度第一学期教学计划》
   D. 《理工学校教学计划》

2. 下列判断有错误的一项是（　　）。
   A. 简报是内部传阅的文字材料，一般也可以公开发表
   B. 调查报告的特点是客观性、针对性和典型性
   C. 写作计划时，如果计划还未成熟有待修订的，就要在标题的后面用括号标明“草案”或“讨论稿”等字样
   D. 总结写作以叙述和议论为主要表达方式，但也可用描写和抒情两种表达方式

3. 《把技术创新落实在业务上——首都钢铁调查》属于（　　）。
   A. 介绍经验的调查报告
   B. 反映情况的调查报告
   C. 揭露问题的调查报告

4. 下列条例中符合规定文种要求的一项是（　　）。
   A. 《天津市××区副食品公司职工考勤条例》
   B. 《中外合资天津某公司员工奖惩条例》
   C. 《教师资格条例》
   D. 《××市足球俱乐部工作条例》

5. 调查报告的特点是（　　）。

A. 具有明确的针对性

B. 具有法定的权威性和执行性

C. 根据调查研究成果写成的用于揭示事物真相与规律的报告

D. 作者广泛

6. 下列关于调查报告的标题符合公文式标题要求的有（　　）。

A.《关于海南进口和倒卖物资问题的调查报告》

B.《深圳大学是怎样改革学生思想政治工作的》

C.《家庭饲养前途广阔》

D.《为改革开放创造良好的社会环境——苏州市加强精神文明建设情况调查》

7. 集体或个人对一定时期的任务预先设想、部署、安排的一种应用文体是（　　）。

A. 总结　　B. 请示

C. 计划　　D. 申请

8. 总结的写作一般是使用（　　）。

A. 第一人称　　B. 第二人称

C. 第三人称　　D. 三种人称互用

9. 在撰写总结正文的开头部分时通常采用何种方法（　　）。

A. 介绍工作的成绩及工作进程

B. 叙述占有的材料

C. 概述基本情况

D. 简要揭示总结的主题，为进一步展开叙述奠定基础

10. 对于简报的标题，应做到（　　）。

A. 写明发自机关名称、事由、文种

B. 写明主编单位与文种

C. 概括揭示简报主题

D. 用套红大字排印，反映简报类型

二、判断题

1. 调查报告以叙述为基础，要求形象生动，情节完整，富于感染力。（　　）

2. 规章制度的条文要写得明确肯定，不同模棱两可的语句，常用“要”、“须”、“应”、“不得”、“不许”、“不准”、“严禁”、“凡”、“一律”等词，但有时也可以用一些“大概”、“也许”之类的词语。（　　）

3. 开展调查研究时做调查记录要真实，人家怎么说，就怎么记，最忌把人家说的话都变成自己的话记下来。（　　）

4. 制订计划不仅是为了很好地完成生产、工作或学习任务，也可以交流。（　　）

5. 总结的语言要求朴实，就是要老老实实地叙述事实，剖析事理，不作不切合实际的修饰；不过有时也可以借用夸张、婉曲等修辞手法，甚至还可以用描写、抒情的方式反映情况。（　　）

6. 章条式和条文式是规章制度的基本结构形式。（　　）

7. 调查报告只能用第三人称写作。（　　）

8. 计划常用文件形式发布而列入公文。（ ）
9. 写总结一定要按完成工作的时间先后顺序来写。（ ）
10. 所有的规章制度都必须用“列目分条法”撰写。（ ）
11. 简报的作用之一是互通信息，交流经验。（ ）
12. 简报的材料要真实可靠，力戒虚假，但适当地夸大还是可以的。（ ）
13. 工作总结和计划是各自独立的文体，写作时没有相互联系。（ ）

三、改错题

1. 下面是一篇计划的“前言”，写法和文字上都有许多毛病，请指出来并按计划前言的写作要求进行修改。

> 巾帼不让须眉，绿茵岂能男子独占。中国女足率先冲出亚洲，走向世界，谁说女子不如男！在这喜人的大好形势鼓舞下，去年我校女足夺城拔寨，过关斩将，奋力拼搏，荣获全省业余体校女足比赛冠军，同时取得代表我省参加今年8月在××市举行的全国青年女足锦标赛的参赛资格。我们应珍惜这一参赛良机，人生能有几回博！认真贯彻省体委、省教委的指示精神以及市体委、市教委全年重点工作安排，全队上下团结一致，全力以赴，力争佳绩。除聘请全国著名的我省足球队国家级教练×××担任顾问外，我们要以加强思想政治工作为动力，以坚忍不拔的精神，大练基本功，提高技术战术水平，把全队整体水平在原有的基础上再提高一步，登上新台阶，实现在8月份全国比赛中“保三争一”的既定目标，力争能为国家青年女足输送几名队员，以实际行动争取运动成绩与精神文明双丰收，因此要努力作好以下各项工作。

2. 阅读下文，简要分析其写法有什么问题。

> **××市人民医院取药规定**
>
> 为了全面贯彻执行医院药剂工作条例，加强医院药房管理，保证人民用药安全，特对现行的取药办法改革如下：
>
> 一、药房设交方、取药两个窗口，病员在交方处交方后，至同号取药处等候取药。
>
> 二、处方书写字迹要清楚，不得涂改。如有涂改地方，医师必须在涂改处签字。
>
> 三、处方当日有效，超过期限处方必须经医师签字，否则药房不予调剂。
>
> 四、对违反规定、乱开处方、滥用药品情况，药房拒绝调配。
>
> 五、非本院医师处方谢绝调配。
>
> ××年×月

四、分析题

1. 根据下面提供的内容，概括其主旨。

发展专业协作　走城乡结合的新路（调查报告）

搞活城市工业企业，尤其是国有大中型企业，应该走一条什么样的发展道路？成都工程机械厂在探索中作出了自己的回答：跳出“自拉自唱”的框框，围绕“拳头”产品，大力发展专业化协作和各种横向联合，有组织、有步骤地将零部件生产向农村扩散，向小企业扩散，把“触角”伸向四面八方。

……

2. 根据写总结的要求，请分析下面一份个人工作总结，看看存在什么问题。

个人工作总结

我是负责人事工作兼工会副主席的，工作中，我要求自己既谨慎又大胆，既细致而快速，遇上工作多的时候，保持冷静头脑，先急后缓，使每件工作都能如期完成。

我根据人事工作与工会在某方面的共同性，把工作拉在一起，因此收到了比较好的效果。

我还注意团结同志，有事互相商量，做到既有分工又有合作，你忙我帮，共同把工作做好。

五、写作训练

1. 结合本章开头的导入，请你以某校营销实训室的学生干事的身份，与其他同学讨论制订一份商业街商家规章制度使用情况调查的活动安排。

活动要求：进行小组讨论，明确调查活动目的、分工、搜集资料的方式、要求；出行车辆的联系、时间安排及安全注意事项等，然后运用条文式将讨论各项内容衔接起来。

2. 拟订一份个人体育锻炼计划。要求符合计划的基本格式，正文要写得具体明确，关于体育锻炼的项目、达到什么要求、采取的措施、时间安排等，都要写清楚。

3. 按照总结的特点和写作要求，参照下面所提供的材料拟写一份总结：

（1）结合本章开头的导入，请你以某校营销实训室学生干事的身份，写一份营销实训室在过去两年经营管理方面的工作总结。

（2）写一份就读中专以来的学习心得体会。

4. 阅读下面的材料，按照调查报告的写作方法和要求，完成下面的各项任务。

任务一：设计调查方案。

【材料】

针对频频发生的民航安全事件，广州方舟市场研究公司受《广州日报》委托，对115户家庭进行了电话访问。

调查显示：有将近一半的市民表示，空难事件没有对出行方式造成什么影响，但也有25%的市民表示以后会尽量少坐飞机，有15.3%的市民表示以后乘坐飞机时，要先选择机型并了解飞机的安全飞行记录，这在以前是比较少见的行为。还有4.2%的市民表示以后将不坐小飞机。

而航空公司对这一调查结果作出回应，认为这只是空难事件暂时的负面效应，从长远来看，民航市场不会受到影响。

【要求】

（1）此案例的调研课题是什么？

（2）围绕课题是怎样设计问题的？

（3）除了电话抽样访问，还有其他什么调查方式可以选择？

任务二：设计调查问卷。

【材料】

25% 市民表示将少坐飞机

有 45.8% 的市民认为目前机场管理制度正处在交接阶段，安全检查等工作存在一定的漏洞，是造成安全事故的原因之一。

除此之外，对于空难事件发生的原因，也有 41.7% 的市民认为是由于飞机技术故障，这是从出事飞机本身进行分析的；20.8% 的市民认为是人为操作失误造成的，还有 18.1% 的市民认为是自然灾害导致的。

15% 市民认为飞机最安全

某调查显示，35.7% 的市民认为最安全的出行方式是火车，31.3% 的市民认为是汽车，仅有不到 15% 的市民认为飞机是最安全的出行方式。

在选择飞机航班时，49.5% 的市民关注的是机票的折扣，其次是航空公司（39.4%），其中 30.3% 的市民关注的是飞机机型，对于机场服务、起止时间及位置便利也比较关注。

在乘坐飞机时，有 76.5% 的市民表示会购买飞机意外保险，也有 13.9% 的市民表示不愿意购买，这部分消费者中，绝大多数是 25 岁以下的年轻人。

机场服务是客户满意度的一个重要量度标准。调查显示，在机场服务的各种问题中，令消费者最不能容忍的是服务质量差（27.8%），其次是飞机延误（26.1%）。

【要求】 参照上文的调查资料，请以市场研究公司调查员的身份设计一份调查问卷。

任务三：拟写标题。

【要求】 请尝试运用公文式标题法给上述调查资料拟写一个标题。

任务四：图表制作。

【要求】 请将上述文字说明改用图表法来反映，并比较一下哪种表述效果更好？

任务五：梳理调查报告的结构。

【要求】 上述调查资料的结构安排和小标题的概括是否恰当，谈谈你的看法。如果不恰当，你认为应该如何安排结构层次，概括各部分的观点，拟写小标题。

任务六：认识调查报告的作用。

【要求】 分析上述消息，说说调查及写作调查报告具有什么作用？

5. 四人一小组，从下列题目中选择一题，参照提示的调查内容，拟出调查提纲，在校园内开展调查，并在抽样调查的基础上，对材料作整理分析，写出调查报告。

（1）对本校毕业班同学的就业期望值、对未来的设想进行调查。

（2）中专生利用网络的情况调查。

（3）同学们最感兴趣的学科。

第四单元
经 济 文 书

走廊变门厅业主起诉索赔　开发商一审赔偿2.5万元

周女士与某地产开发商签订了商品房买卖合同，购买一套期房。该商品房买卖合同所附平面图标示周女士所购房屋在首层的位置，房屋门口为走廊。但开发商交房后，周女士发现她所购房屋房门正对着门厅和楼门，却没有走廊。她家门口成为全楼居民进出的必经之地，生活噪音嘈杂不断，每天扰得她心烦意乱。为此，周女士将开发商告到法院，要求赔偿她因噪音造成的健康及精神损失共计12.6万元。

法院审理后认为，从商品房买卖合同所附平面图及另一栋楼标准层平面图来看，周女士所购房屋户门前应为走廊，而开发商交付的房屋户门前为门厅，开发商的行为已违反了合同约定，且其所交付房屋在首层的位置与周女士所受噪音之扰有因果关系。因此，开发商应当承担适当的违约责任。但周女士诉求明显过高，法院判决开发商赔偿周女士2.5万元。

上述案例中的“商品房买卖合同”即是经济文书的一种。在当今社会，经济文书在极大范围内得以广泛使用，掌握其写作理论，使写作规范化，是适应经济发展态势的迫切需要。

第一节　经济文书概述

一、经济文书的含义

经济文书是经济部门、企事业单位或个人用来处理经济事务、传播经济信息、协调经济活动、总结经济管理经验和规律的格式相对固定的专用文书的总称。它既是经济部门的管理手段，也是财经信息的传播手段。

二、经济文书的特点

经济文书是应用文的重要组成部分，它必然具有应用文的共同特点即实用性、程式性和时效性，但也有自己的独特之处，具体表现为：

1. 鲜明的政策性。开展经济工作，要认真贯彻执行党和国家的各项经济方针政策，本身就是一项政策性很强的工作。作为反映经济领域各项活动的经济文书，必然要受到党和国家各项经济政策、方针和规定的制约，表现出鲜明的政策性。要写好经济文书，一定要认真学习和掌握党和国家各项方针、政策，深入领会其精神实质。

2. 突出的效益性。经济效益和社会效益是一切企业生产经营活动的目标。作为反映企业生产经营活动和经济业务的经济文书，必然应当体现企业生产、经营活动的效益性。也就是说，写作经济文书的根本目的，就是为企业提高经济效益服务。比如，搞市场预测、进行经济活动分析，就是为了找出经济活动的运行规律，并根据这一规律从事经营，以取得更好的经济效益。因此，经济文书具有非常突出的效益性，这是经济文书区别于其他文体的重要标志之一。

3. 明显的专业性。企业生产经营活动的专业性很强，涉及经济领域许多方面的专业知识，如管理、统计、市场营销、物流、计量经济学等。各种经济应用文中往往要运用相关的专业知识来解决问题。比如，做市场预测、经济活动分析就离不开各种预测方法和分析方法，同时还涉及经济决策、会计制度、物价政策等内容。如果对企业经营管理方面的知识比较熟悉，写作起来就比较顺手。因此，写作经济文书，应尽量多掌握一些有关的专业基础知识。

4. 数据运用的普遍性。数据是经济现象的外在表现形式之一。在生产、交换、分配、消费各个环节中，小至一个企业的产品、产量、产值、品种、质量、原材料消耗、资金、成本、利润等，大至国民经济中的国家预算、人民生活水平等，都要有数据说明。具体说，在市场调查报告、市场预测报告、经济活动分析报告中，就经常出现以绝对数、相对数、平均数、图表等形式表示的各种数据，运用这些数据进行定量分析，可以发现问题、分析问题、解决问题。可以说在经济文书中，离开了各种统计数据几乎就无法说明问题。因此，数据在经济文书中占有特殊的地位，数据的大量运用是经济文书又一个突出的特点。

三、经济文书的写作要求

1. 熟悉政策法规，具有专业知识。任何经济活动都离不开国家经济政策的指导，离不开法律的规范和约束。所以写作者必须熟悉相关的政策和法规，并以此为依据。另外，经济文书的内容离不开具体的业务工作，写作者需要有专业知识（包括理论和实践的知识），才能从中找出规律，写出具有实际价值的文章，提高经济效益和社会效益。

2. 深入调查研究，掌握真实材料。经济文书一般都比较注重对于客观规律的探索和研究，但又离不开国家方针政策的指导和约束，所以必须遵循以事实为依据的原则，深入调查搜集材料，反复核实，充分占有并恰当使用材料，运用科学的分析方法，揭示经济活动的客观规律，撰写出能够及时解决实际问题的文书。

3. 掌握写作格式，运用表达方法。由于经济文书专业性强，每一种文体根据写作目的不同又有不同的变化，各种文体都有其各自的惯用格式，所以写作者必须掌握各经济文书的基本格式。经济文书写作的内容既要有观点（结论）又要有材料（数据），所以叙述与议论是基本的表达方法，有时也要运用说明。另外，经济文书的语言一定要准确、简明、严谨。

【相关知识】

经济文书多数属于论证性应用文体，其论证方法有：

1. 归纳论证。是通过许多个别事例，归纳出有关事物的共同特征，得出一般性的结论，包括例证法、对比法和因果论证法。

2. 演绎论证。是通过已知的一般道理作为论据来证明某个个别性的论点，包括引证法、反证法、选择法和归谬法。

【例文】

2006年中国锅炉行业展望与市场预测报告①

2005年我国工业锅炉的产量为162 959.67蒸发量吨，同比增长为9.59%；电站锅炉产量为320 180.60蒸发量吨，同比增长为37.5%。电站锅炉增长，主要是受“十五”期间我国电源项目大规模建设的驱动，拉动着我国冰封以久电站锅炉的强劲势头，其中2004年年产同比增长就达到72.68个百分点。直到2005年略有下降。同时，2005年行业盈利能力也保持稳定。从固定资产净值平均余额来看，自2003年的1%，增长到2005年的16.63%，增幅为15.63个百分点。2003—2005年产品销售收入平均年增幅为37.69%；产品销售成本平均年增幅为38.61%；产品销售费用平均年增幅为28.46%。

展望2006年，对于目前大量的采用传统的手工加煤、间歇燃烧方式的小型固定炉排锅炉，必将被淘汰，取而代之的是新开发的新型锅炉。至于抛煤机锅炉，随着供煤条件的改变会有新的发展。“十五”期末，煤炭入洗率将达到50%，动力煤入洗率将达到40%，我国燃煤工业锅炉的节能环保性能将会大大提高。与此同时，大型循环流化床锅炉产品将成为市场焦点。循环流化床燃烧技术具有强化燃烧和传热、燃烧效率高、燃料适应性广和排放污染物少等特点，可在≥10t/h燃煤工业锅炉中积极发展应用，将会产生十分明显的经济和社会效益。更需要注意的是，随着环保压力的逐步加大，未来大量的燃气锅炉将替代原有的燃煤锅炉，燃气锅炉的市场前景相当广阔。然而，虽然电加热锅炉有着其清洁、可靠等优点，但电能是一种清洁的二次能源，电价较高，其运行成本约为燃煤锅炉的6倍，燃油燃气的2倍，长期以来电加热锅炉只能作为我国锅炉产品的补充。

从长期锅炉产业的发展来看，我国大型循环流化床锅炉产品是市场发展趋势，同

① 因限于篇幅只简介报告基本内容并列举全文目录。

时，随着西气东输工程等的实施，大多数城市开始推广应用清洁能源。因此，燃气锅炉也是未来市场需要的主要发展方向。根据锅炉产品的特殊社会属性，其不可替代性是行业发展赖以生存的保障。

第一章　2005 年锅炉行业运行回顾

　第一节　市场环境

　第二节　2005 年锅炉行业供需形势分析

　第三节　2005 年中国锅炉行业财务状况

第二章　中国锅炉行业发展：挑战与变革

　第一节　中国锅炉行业发展的关键要素

　第二节　中国锅炉市场竞争分析

　第三节　中国锅炉行业发展现状评价

　第四节　行业发展趋势

第三章　我国锅炉子行业发展现状分析

　第一节　电站锅炉

　第二节　工业锅炉

　第三节　余热锅炉

第四章　中国锅炉行业发展：地区比较

　第一节　北京

　第二节　上海

　第三节　黑龙江

　第四节　浙江

第五章　2006 年锅炉行业展望

第六章　2006 年锅炉行业市场预测

　第一节　锅炉行业市场预测分析

　第二节　锅炉产品市场需求预测

　第三节　需求预测

第七章　优势企业经营与竞争分析

　第一节　上海锅炉厂有限公司

　第二节　东方锅炉（集团）股份有限公司

　第三节　无锡华光锅炉股份有限公司

　第四节　哈尔滨锅炉有限公司

第八章　锅炉行业投资机会与风险

　第一节　投资机会分析

　第二节　投资风险分析

　第三节　战略与策略建议

图表目录（略）

【评析】

这一份市场预测报告依据国家统计局、国资委、国家信息中心、国务院发展研究中心、国民经济景气监测中心、机械工业联合会及相关协会等提供的大量资料，对我国锅炉市场的供给与需求状况、运行状况、锅炉的利用、发展趋势及发展战略等进行了分析，并对国际锅炉市场进行了深入剖析。内容翔实，分析透彻，结论可信。它虽主要面向锅炉生产企业或流通集团，同时对于产业研究规律、产业政策制定和欲进入的金融投资集团具有重要的参考价值。

【小测试】

1. 经济文书具有哪些特点？
2. 经济文书在写作中应该注意哪些问题？

【特别提示】

数字的运用

1. 在同一个句子里，不能同时并存定数与约数。
2. 倍数只能用于增加，不能用于减少。
3. “增加到”≠“增加了”。
4. 运用“以上”、“以下”时要用括号说明是包括本数还是不包括本数。

第二节 经 济 合 同

一、经济合同的含义

根据《合同法》的规定，合同是平等主体的自然人、法人、其他组织之间设立、变更、终止民事权利、义务关系的协议。经济合同是指平等主体的法人之间为实现一定的经济目的，明确相互权利、义务和关系而订立并共同遵守的书面协议。合同有以下几个特点：

1. 互利性。合同的签订，是合同当事人之间为实现一定的目标，在办理某一特定的事务时，为了确定各自的权利和义务，经过协商，在平等互利的原则基础上达成意见一致的行为，因此具有互利性。

2. 约束性。合同一经签订，就具有法律效力，因此合同关系也是法律关系，要求合同双方当事人严格遵守合同条款，不折不扣地认真履行合同，否则就按违约处理。

二、经济合同的分类

按《合同法》的规定，经济合同有以下 15 种：

1. 买卖合同。买卖合同是出卖人转移标的物的所有权于买受人，买受人支付价款的合同。

2. 供用电、水、气、热力合同。供用电、水、气、热力合同是供电（或水、气、热力）人向用户供电（或水、气、热力），用户支付费用的合同。

3. 赠与合同。赠与合同是赠与人将自己的财产无偿给予受赠人，受赠人表示接受赠与的合同。

4. 借款合同。借款合同是借款人借款给贷款人，贷款人到期返还借款并支付利息的合同。

5. 租赁合同。租赁合同是出租人将租赁物交付承租人使用、收益，承租人支付租金的合同。

6. 融资租赁合同。融资租赁合同是出租人根据承租人对供货商、租赁物的选择，向供货商购买租赁物后提供给承租人使用，承租人向出租人支付租金的合同。

7. 承揽合同。承揽合同是承揽人按照定做人的要求完成工作，交付定做成果，定做人给付报酬的合同。

8. 建设工程合同。建设工程合同是承包人进行工程建设，发包人支付价款的合同。

9. 运输合同。运输合同是承运人将旅客或货物从起运地点运输到约定地点，旅客、托运人或者收货人支付票款或者运输费用的合同。

10. 技术合同。技术合同是当事人就技术开发、转让、咨询或者服务订立的相互之间权利和义务的合同。

11. 保管合同。保管合同是保管人保管寄存人交付的保管物，并按约定返还该物的合同。

12. 仓储合同。仓储合同是保管人储存存货人交付的仓储货物，存货人支付仓储费的合同。

13. 委托合同。委托合同是委托人和受托人约定，由受托人处理委托人委托事务的合同。

14. 行纪合同。行纪合同是行纪人以自己的名义为委托人从事贸易活动，委托人支付报酬的合同。

15. 居间合同。居间合同是居间人向委托人报告订立合同的机会或者提供订立合同的媒介服务，委托人支付报酬的合同。

从文本形式看，合同还有条款式合同、表格式合同、条款表格结合式合同。

三、经济合同的作用

1. 有利于保护当事人的合法权益，维护社会经济秩序。《合同法》规定，依法订立的合同，对当事人具有法律约束力，其合法权益受到法律的保护。合同当事人既是合同的执行者，又是合同的直接受益者。当事人既要按照约定履行自己的义务，同时也享有合同规定的权利。

2. 有利于加强经济核算，提高管理水平。合同是根据国家有关法令，在平等互利、协商一致、等价有偿的基础上订立的。合同一经签订，双方当事人都将承担经济上、法律上的责任。为了保证合同的履行，双方当事人都必须千方百计地做好经济管理工作，加强经济核算，降低成本，提高劳动生产率。这样，在履行合同的过程中，也就能不断地提高管理水平，提高经济效益。

3. 有利于主管部门监督管理。合同是国家运用经济手段和法律手段管理经济的重要措施。企业执行合同的好坏，直接反映企业的经营和管理水平。上级主管部门和金融、税务等职能部门可以通过对合同的审查、监督，及时发现经营管理中的问题，加以指导，督促其改进工作。

4. 有利于促进和加强社会生产的专业化协作和经济联合。在相互协作的基础上，社会分工正朝着越来越细的专业化方向发展，合同正是开展经济活动，进行经济往来，发展市场经济，获得经济效益的有效形式。签订合同有利于优势互补，扬长避短，加强协作，横向联合，使社会生产形成良性循环。

四、经济合同的基本内容

根据《合同法》的规定，经济合同一般包括以下条款：

1. 当事人的名称或姓名和住所。当事人的名称是指法人和其他组织的名称；法人和其他组织的住所是指其办事机构所在地，自然人的住所是指其经常居住地或户籍所在地。

2. 标的。它是合同双方权利和义务共同指向的对象，是合同的中心内容，即合同双方要达到的共同目的。合同的标的可以是货物，也可以是劳务，如产品、劳务工程项目、租赁物等。标的应明确、具体。对产品来说，除品名外，还应标明规格、型号。如果是涉外商品交易，还要标明出产国和制造商。

3. 数量。它是衡量标的的指标，是确定当事人权利和义务的尺度，是计算价款酬金的依据。标的的数量要具体、精确，应按照国际通用的标准计量。

4. 质量。它是标的优劣程度、内在性质和外观形态的综合。产品的商标品牌、规格型号、花色等级等都要写明，产品包装要有明确规定，产品验收的时间、验收标准、方式也要写清。

5. 价款或报酬。价款或报酬是取得产品、接受劳务或智力成果的一方所支付的代价，要写明计算标准、结算方式和时间。

6. 履行的期限、地点和方式。履行的期限指双方履行义务的时间界限，商品交易中为交货时间和付款时间；履行地点是指双方履行义务的具体地点；履行方式是指当事人履行义务的具体方法。

7. 违约责任。违约责任是当事人一方不履行合同或不全面履行合同规定的义务而需承担的法律责任。追究违约责任多为收取违约金和赔偿金。

8. 解决争议的方法。指合同当事人事先约定的、在履行合同中双方发生争议时如何解决的方法，如协商、仲裁、诉讼等。

此外，根据法律规定的或按合同的性质必须具备的条款，以及当事人一方要求必须规定的条款，也是合同的主要条款。如化学物品和危险物品的运输与保管，必须遵守国家有关法令，合同中应注明相关条款；合同的担保、有效期等，也是合同的重要内容。

五、经济合同的写作方法

经济合同的格式分为三个部分：约首、正文、约尾。

（一）约首

约首，主要包括标题、签约双方的名称或姓名、住所、合同编号、合同订立地点、日期。

标题是合同的名称，用以表明合同性质，如“建设工程合同”、“租赁合同”等。标题应写在第一行中间。签约双方名称要写全称，可在后面用括号注明为供方和需方、甲方和乙方或卖方和买方，为正文行文提供方便。

（二）正文

正文包括引言和合同条款，这是合同的主要部分。引言部分主要是表明签订合同的依据和目的以及共同遵守合同条款的承诺，如“为了……目的，经双方协商，特订立本合同，以便共同遵守”。合同条款部分是分条款写出双方议定的合同内容，也就是写明议定的双方需承担的义务和应享受的权利，包括前述经济合同八个方面的内容。最后写明合同的有效期限、合同份数、保存者以及合同附件。

（三）约尾

约尾是合同的签署，要写明签订合同的当事人名称或姓名、法人代表姓名，然后加盖单位公章，法人代表及委托代理人应签名盖章。写明单位地址、电话、开户银行、账号等，还要注明签约时间。有的要写明合同公证、鉴证机关的名称，并加盖公章。

六、经济合同的写作要求

（一）写作内容上的要求

1. 符合政策法令。合同的内容不得违反国家法律、法令。必须按法律办事，任何单位和个人不得利用合同进行违法活动。

2. 坚持平等互利的原则。订立合同必须贯彻平等互利、协商一致的原则。当事人双方的权利义务应当是一致的，任何一方不得把自己的意志强加给对方。

3. 内容必须具体、明确。

（二）语言表达上的要求

1. 概念明确。合同中概念不清，往往是对事物限定不严。如某单位进口一台机器，合同上写的是“二手货”，由于“二手货”对机器的陈旧程度缺乏确切规定，结果对方送来的几乎是一堆废铁。

2. 量词准确。合同中量词运用要十分慎重，应使用国际标准计量单位。如某合同上标明“先由买方运回一车，余下由卖方送货”，这里的“一车”是多少吨或多少箱、多少件，就应该明确。

3. 用字正确。签订合同要一丝不苟，用字不规范容易招致不必要的损失。如将“定金”写成“订金”，将“罚款”写成“发款”，都会引起合同意义的改变，给合同的执行带来很大的麻烦。

【例文】

借 款 合 同

立合同单位：

借款方：××市政建设公司

贷款方：中国人民建设银行××市支行

根据《××市轻轨线建设一期工程方案》，经借款方申请，贷款方审查同意发放贷款。为明确各方责任，恪守信用，特签订本合同，双方共同遵守。

一、借款方向贷款方借人民币叁仟万元。用于××市轻轨线建设一期工程，预计分年用款为：

2××1年壹仟贰佰万元；2××2年捌佰万元；2××3年贰仟万元。

二、借款方在本合同规定的贷款总额内，根据批准的年度计划和建设进度编制年、季度用款计划，送贷款方审查。贷款方保证在核定的年度贷款计划内，按基本建设贷款的有关规定及时供应资金。如因贷款方责任导致资金供应不及时，由贷款方承担由此造成的经济损失。

三、借款方在贷款方开立账户，根据工程情况将贷款按月分次转到存款户支用，全部贷款由贷款方监督使用。借款方如不按规定使用贷款，贷款方有权停止发放和收回贷款。

四、贷款期限：自2××1年1月起至2××8年10月止，共为7年零9个月。其中建设期从2××1年1月至2××4年12月，还款期从2××5年1月至2××8年10月。分年还款计划如下：

2××5年伍佰万元；2××6年捌佰万元；2××7年捌佰万元；2××8年玖佰万元。

五、贷款利息按年息10.5%计收；借款方不能按上述约定归还的，从次年开始未归还的贷款作为逾期还款加息5%；挪用的贷款在挪用期间加收罚息5%。贷款利息按实际支用数计息并计算复利。如因国家政策性的利率变动，本合同贷款利率根据政策相应调整。

六、还本付息的资金，经双方商定，同意用贷款项目的下列资金偿还：(1) 企业自有资金；(2) 基本建设收益；(3) 缴纳所得税以前的新增利润和经税务机关批准减免的税金；(4) 新增固定资产折旧基金；(5) 实行投资包干分成部分。

（附：贷款项目预计经济效益表）

借款方对偿还贷款本息以××市公用事业管理局出让××轻轨线运营所有权方式提供担保。担保协议作为本合同附件。

七、全部贷款到期，贷款方发出逾期通知3个月后，借款方仍不归还的，贷款方可以依据担保协议向借款方或担保方收回贷款。

八、如因国家调整计划、产品价格、产品税率以及修正概算等原因需要变更合同条款时，由双方协商签订变更合同，作为本合同的组成部分。

九、本合同经各方签章后生效，至贷款本息全部还清后失效。本合同签订后借款方如果超过3个月以上不使用贷款，合同即自动失效。

十、本合同正本2份，借、贷双方各执1份；副本3份，借款方主管部门、担保方、××市经济纠纷仲裁委员会各执1份。

借款方：××市政建设公司（公章）
地址：××市××区××路2号
法人代表：××（签字）
开户银行及账号：（略）

贷款方：建设银行××市支行（公章）
地址：××市××区××大道1354号
法人代表：××（签字）
开户银行及账号：（略）

担保方：××市公用事业管理局

地址：××市建设大道××××号

法人代表：×××

开户银行及账号：（略）

签约日期：××年×月×日

【评析】

这一则借款合同围绕轻轨线建设这一事项，将借款金额、用途、发放借款具体操作方法，以及还款期限、方式、违约责任等作了明确规定。全合同采用条款式结构，条款间逻辑性强，用语准确严密，有效地明确了合同双方的责、权、利。

【病例】

合　同

立合同单位：

××局办公室（甲方）

××县建筑公司办公室（乙方）

为扩大商品储存量，促进商品购销，××局决定再新建一座大型仓库。经双方协商，订立以下条款，以资恪守：

一、甲方委托乙方建造××大型仓库一座。

二、全部建造费（包括材料、人工）叁拾万元。××局在订立合同后先交一部分建造费，其余在仓库建成后抓紧归还所欠部分。

三、工期待乙方筹备就绪后立即开始，力争3月中旬开工，争取11月左右交货。

四、建筑材料由乙方全面负责筹备。

五、本合同一式两份，双方各执一份。

立合同人：

××局（公章）

办公室主任：钱隽

××县建筑公司（公章）

办公室主任：赵颖

××年×月×日

【评析】

这份合同主要有以下问题：

1. 标题笼统。没有说明这份合同的性质和种类。

2. 主体不合法。签订合同的双方当事人不具备法人资格，都是本单位职能部门。因此，由他们签订的合同无法律效力。

3. 双方当事人约定的主要条款不全。例如，缺少必要的质量标准、违约责任、解决争议的方法等条款。

4. 文字表述不准确，将为日后带来不可避免的纠纷。如“订立合同后先交一部分建造费，其余部分在仓库建成后抓紧归还所欠部分”，“工期待乙方筹备就绪后立即开始，力争3月中旬开工，争取11月左右交货”等。

【相关链接】

企业承包经营合同

一、企业承包经营合同

企业承包经营合同，是发包方按照所有权与经营权分离、责权利相结合的原则，将企业的经营权采取适当方式承包给企业经营者自主经营，由承包方向发包方承包上交利润等任务，而明确相互权利的协议。

二、企业承包经营合同的特点

1. 企业承包经营合同当亨人双方的关系具有特殊性。企业承包经营合同的发包方和承包方，虽然具有行政上的隶属关系，但在签订企业承包经营合同时，双方的法律地位是平等的。

2. 企业承包经营合同的主体具有特殊性。企业承包经营合同的主体是企业的主管部门（全民企业的主管机关是人民政府指定的有关部门，集体企业的主管部门是开办它的部门）和企业。主体是特定的，一方是企业，另一方是企业的所有者或管理者。

3. 企业承包经营合同的客体具有特殊性。法律关系的客体也就是主体权利义务所指向的对象。企业承包经营合同的主体权利义务所指向的对象是企业财产。这里的财产，既包括厂房、设备等固定资产和原材料等流动资产，也包括企业信誉、产品商标、专利等无形资产。

4. 企业承包经营合同只转移企业财产的经营权，不转移其所有权。企业承包经营合同中，发包方让与的是企业财产的经营权，即占有、使用、收益和经营等一定的处分权，并不让与企业财产的所有权。

5. 企业承包经营合同是双务合同。企业承包合同中，发包方享有利润收取权，承包方享有企业财产经营权；发包方负有交付财产经营权的义务，承包方负有上交利润、完成技术改造等的义务。

【例文】

公司承包经营合同

订立合同双方：

发包方：________国际贸易（上海）有限公司

承包方：________徐文

国际贸易（上海）有限公司（发包方）与徐文（承包方）经协商一致，且经________国际贸易（上海）有限公司股东会批准，现将公司经营权在本合同期限内发包给承包方以供经营，订立本合同。

第一章　总　　则

第一条　承包经营期间，公司独立核算、依法纳税、自主经营、自负盈亏，财政、税收渠道不变。

第二条　承包经营期间，承包方必须在本公司的法定经营范围内从事经营活动（以本公司企业法人营业执照为准）。

第二章　承包的期限、方式和主要指标

第三条　承包经营的期限为　年，即从　　年　月　日起至　　年　月　日止。

第四条　承包经营的方式为：发包方在承包经营期限内将公司经营权提供给承包方，承包方为此支付给发包方人民币两万元。该笔款项于________之前付清。

第三章　承包方的权利与义务

第五条　承包经营期间，承包方指派的代理人（仅限一人）作为公司的法定代表人，行使总经理的职权。

第六条　承包方在承包期间，对本公司享有自主、独立的的经营权。

具体权利如下：

1. 有权聘任副总经理和各部门经理，组成本公司的领导机构，并报股东会备案，承包期满或合同解除后，该领导机构即告解体。

2. 有权决定公司的机构设置，制定规章制度，人事聘用、任免和奖惩。

3. 有权根据实际需要购置新设备和资产。

第七条　承包方有权根据本合同规定，取得其应得的合法收入。

第八条　承包方有权在承包期内使用公司公章、合同章、支票、账号、发票等财务凭证。

第九条　承包方在承包期间应尽义务如下：

1. 必须依照国家有关规定，按期如数缴纳应缴纳的各种税、费等。

2. 在承包期间，应保证公司各项资产的完好（合理损耗除外）。

第十条　承包方必须全面履行本合同中应由承包方履行的全部条款。

第四章 发包方的权利与义务

第十一条 发包方的权利如下：

1. 有权维护公司利益不受损害。
2. 有权监督本公司的经营范围。
3. 对本公司有财务监督权。

第十二条 发包方的义务如下：

1. 不得以任何形式干涉承包方的经营权。
2. 必须按本合同规定保障承包方的合法权益。
3. 必须全面履行合同中应由发包方履行的全部条款。

第五章 承包方的收入

第十三条 承包方的收入计算方法：承包方在承包经营期限内的所有利润均由承包方享有。

第六章 合同的变更，解除或终止

第十四条 本合同生效后即具有法律约束力，发包、承包双方均不得随意变更或解除。本合同需要变更或解除时，须经双方协商一致达成新的书面协议，在新的书面协议未达成之前，本合同仍然有效。

第十五条 本合同履行期间，如国家有关政策与本合同签订时相比，发生重大变更，发包、承包任何一方利益受到重大影响，受影响的一方可以提出变更或解除本合同。

第十六条 发包方如违反本合同规定，干扰承包方的经营管理活动，使承包方无法继续经营下去，或使承包方的合法收入得不到保障，承包方有权解除本合同以及暂停支付承包费用，并要求发包方承担违约责任。

第十七条 由于不可抗力的原因使本合同无法完全履行或无法履行时，须发包，承包双方协商一致，可以变更或解除合同。

第十八条 本合同规定的承包期满，发包承包双方的权利，义务履行完毕后，本合同自行终止。

第十九条 本合同期满三十日以前，承包方应接受发包方派出的审计机构对其承包情况进行审核，确定无误后，双方代表在审计意见书上签字，承包方方可离职。

第七章 违约责任

第二十条 发包、承包双方应全面实际履行本合同，不履行或不完全履行的应负违约责任。

第二十一条 发包方如违反本合同第二十条的规定，应承担违约责任，支付承包方对公司的投资总额的50%作为违约金，如承包方的实际损失超出该违约金的，则发包方按承包方的实际损失赔偿。

第八章　附　则

第二十二条　承包方如发生意外事故，无法继续履行本合同，则由承包方另行推选或指派承包经营者，经发包方认定，继续履行本合同。

第二十三条　在签订本合同时，发包方应将公司所有资产及债权债务状况编制成册，双方确认后作为本合同的附件。发包方应提供公司董事会和股东会关于不干涉承包方自主经营的决议，并作为本合同的附件。

第二十四条　本合同期满后，如本公司承包经营，且承包方履行本合同情况良好，承包方在同等条件下有优先再承包的权利。

第二十五条　本合同由双方签字盖章后生效。

第二十六条　本合同正本两份，发包方，承包方各执一份。

第二十七条　本合同适用中国法律，双方在履行合同中发生争议的，应协商解决。如协商不成的，双方提交仲裁委员会仲裁。

发包方：　　　　　　　　　　　　　　承包方：________

地址：　　　　　　　　　　　　　　　身份证号码：

电话：　　　　　　　　　　　　　　　______年____月____日

法定代表人：________（签字盖章）

______年____月____日

（资料来源：百度文库　2011－05－16）

【评析】

该合同共8章27条，采用条文式结构拟写，条理非常清晰，条款完备。合同的标题标明了合同的性质属于承包经营合同。合同正文条款对承包方和发包方的权利义务作了清晰的界定，文字严谨，表述准确，便于双方顺利履行合同。合同明确双方的违约责任，以免造成不必要的纠纷。该合同是一份参考学习的典型范例。

【小测试】

一、填空题

1. 合同是________、________、________之间设立、变更、终止民事权利义务关系的协议。

2. 合同的基本条款有________、________、________、________、价款或报酬、________、________、________共八条。

3. 合同的格式一般包括________、________和________三部分。

二、判断题

1. A. 合同中定金可以写成预付款。　（　）

B. 合同中定金不能写成预付款。 ( )

2. A. 支付预付款的一方不履行合同时对方可以不返还预付款。 ( )

B. 接受预付款的一方不履行合同时没有加倍返还的义务。 ( )

【特别提示】

1. 无效合同。

(1) 一方以欺诈、胁迫的手段订立合同，损害国家利益。

(2) 恶意串通，损害国家、集体或者第三人利益。

(3) 以合法形式掩盖非法目的。

(4) 损害社会公共利益。

(5) 违反法律、行政法规的强制性规定。

2. 无效条款。

(1) 造成对方人身伤害的。

(2) 因故意或者重大过失造成对方财产损失的。

3. 合同格式。

(1) 表格式：是将主要条款都设计在表格中，把达成的协议逐项填写进去即可，多用于经常性的合同。

(2) 条款式：是将双方协商一致的主要条款用文字逐条书写，多用于内容较多的合同。

(3) 混合式：是条款式与表格式的结合，往往把标的、价款部分使用表格，能一目了然；其余内容以条款列示。

第三节 经济预测报告

一、经济预测报告的含义

经济预测报告是在对经济活动的历史和现状进行调查的基础上，运用科学分析的方法进行预计测算，推断未来的经济发展变化趋势而写成的书面报告。

经济预测的任务是运用定性和定量分析的方法，以经济发展的历史和现实统计调查资料为依据，推断经济发展的前提和结果。

二、经济预测报告的特点

1. 预见性。“预测”是经济预测报告最主要的特点。它是在研究经济活动的过去和现在的基础上，根据经济活动变化的客观规律对其未来作出科学的判断和预见。现实的经济状况、未来的发展趋势、发展前景、变化情况，都是预测的重点。准确的预测结果必须反映预测对象的客观规律和发展趋势，所以，预见性就是科学性。

2. 情报性。经济预测报告包含有重要价值的经济信息。因为它记录和反映的是经济发展的最新变化和各方面的最新动态，能为生产、管理、经营、销售者提供必要的情报资料。它来源于经济，服务于经济，与实实在在的经济利益息息相关，这就使它具有了广泛的实用性和情报性。

3. 综合性。市场预测报告的内容往往涉及政治、经济、文化、历史等领域，它是外部现象和内在原因的综合，是纵向分析和横向分析的综合，是历史的连贯性和发展的预见性的结合，是微观经济效益和宏观经济效益的综合。因此，市场预测报告具有很强的综合性。它既是市场、销售、资源、消费诸多因素的综合反映，也是经济学、市场学、社会学等多种学科知识的综合运用。

三、经济预测报告的作用

1. 经济预测报告是科学决策的依据。决策的实质是根据对未来的预见所制订的未来的行动方案。要制定出正确的经营决策，决策者不仅要掌握市场发展的历史和现状，还必须科学预见发展的前景和规律，必须掌握众多的可供选择的行动方案，而这些正是市场预测报告的主要内容。决策部门拥有了众多市场预测信息，才能制定出切实可行的方针政策，才能选定最优方案。可以这样说，没有科学的市场预测，就没有科学的决策。

2. 经济预测报告是正确经营的基础。企业是商品的生产单位和销售单位，必须根据“以销定产”原则正确进行生产经营。如果情况不明、目标不清、方向不定、办法不周，生产将陷入盲目状态。由于市场预测报告能够给企业连续提供变化的各种资料和预测数据，使企业掌握市场未来的发展趋势，从而合理调整生产结构，保证企业生产经营的连续性和正确性。

3. 经济预测报告是增强竞争实力的保证。企业通过对市场的预测，可以捕捉大量的市场信息，如市场需求、销售情况、商品质量、花色品种、价格水平、商品信誉、商品市场占有率、售后服务等情况。这不仅可以检验企业的管理水平，而且可以指导商品的流向，保证自己的产品在市场上做到“人无我有，人有我新，人多我好，人好我转”，从而提高企业的竞争能力。

四、经济预测报告的种类

1. 按预测对象可分为以下两种：

（1）宏观经济预测报告，即对整个国民经济或某个地区、某一行业、某一系统的经济发展前景进行全面的总体的综合预测，如《当前宏观经济的前景展望》、《国民教育增长速度的预测》。

（2）微观经济预测报告，即对一个企业的经济活动或某一产品的产销需求所作的预测。它以单个经济单位的经济活动为考察对象，如一个企业、一个乡镇经济发展前景和家庭、个人经济活动的前景的预测，如《浅析彩色电视机的消费趋势》。

2. 按预测的内容可分为以下四种：

（1）长期经济预测报告，指对5年以上的经济发展前景的预测。

（2）中期经济预测报告，指对2～5年内的经济发展前景的推断。

（3）近期经济预测报告，一般是对年度经济发展情况的预测。

（4）短期经济预测报告，一般是季度性的经济形势预测。

3. 按预测的内容分，有市场需求预测报告、生产预测报告、销售预测报告、成本预测报告、技术发展预测报告、社会购买力预测报告等。

五、经济预测报告的写作方法

经济预测报告的结构包括标题、正文和结尾三部分。

（一）标题

1. 完整式标题。即“预测时限 + 预测区域 + 预测对象 + 文种”。如《2015 年与 2016 年全国劳动就业形势分析预测》、《今明两年我国汽车市场需求状况预测》。

2. 文章式标题。即不是四要素俱全，有的着重强调时间，有的着重强调预测方法，有的着重强调预测范围，但都包括对象和文种。如《我国能源生产与消费预测》、《涤纶纤维发展趋势预测》、《××年化学建材需求预测》。

3. 消息式标题。类似新闻报道的消息标题，从标题中可以看出是预测，但却不用“预测”两个字。如《我国家电产品还有多大市场?》、《明后两年物资形势展望》。

（二）正文

经济预测报告的正文，一般由前言和主体两部分组成。

1. 前言。预测报告的开头部分，简明扼要地介绍预测的范围、对象、时间、地点、目的，说明预测主旨。有的不单独写前言，开篇直接写现状。

2. 主体。是预测报告的中心部分，一般由概况、预测部分、建议部分组成。

第一，概况。这是对预测对象历史和现状的说明。要运用准确、全面的情况和数据，将预测对象过去和现在的经济情况作简要的回顾和说明，为下文的预测作铺垫，作为预测分析的基础。如介绍企业的产销情况、购买力的投向情况、同行业的经营情况、生产能力和技术设备的情况等。

第二，分析预测部分。这是在深入分析预测对象现状的基础上形成的对预测对象未来前景的估计，是预测报告的重点部分。这一部分的核心内容是通过对资料数据的分析、预测，认真分析研究各因素间的相互影响和作用，综合比较，并结合当时当地最新的情报，作出科学的预测。

第三，结论与建议部分。这是在对预测对象未来前景作出估计的基础上提出的建议，以供决策部门参考，是预测报告写作的根本目的及现实意义的集中体现。写作中，要紧扣概况和预测中提供的事实、提示的矛盾来提出切实可行的意见和建议，切忌抽象笼统。

经济预测报告正文的三个部分有着严密的逻辑联系。但根据实际需要，三个部分的顺序可以适当变动。可将概况与分析合在一起写，也可将预测与建议并在一个部分表述，或者先提出预测结论，然后分析说明得出结论的依据，再提出建议和措施。

（三）结尾

许多经济预测报告没有结尾，常常是写完建议就结束全文。如有结尾，或是回应开头，或是归纳全文，或是提出应注意的问题。

六、经济预测报告的写作要求

1. 资料充分，数据准确。经济预测的科学性要求资料数据必须准确无误。因此，需要掌握大量的、全面的、系统的资料数据，以确保预测结果的精确可靠。

2. 系统分析，推断合理。对未来经济发展趋势的预测，要做到切合实际，可靠性强，必须有严密科学的分析推断。分析是前提，推断是核心，它们是预测报告的主要部分。要恰当地选择预测方法，根据预测的目的、要求以及预测对象的特点进行客观的分析研究与判断。

3. 语言规范，表述简明。经济预测报告是一种指导性的实用文体，涉及预测学和经济学两大学科，许多专有词语有其特定的使用范围和含义。因此，作者必须具备经济学、数理统计、社会学等多学科知识，有较高的写作能力。同时还要注意语言的运用必须规范、明确，切忌繁言浮饰。有些复杂数据还可以适当使用图表，使表达更简明更直观。

【例文】

滚筒式洗衣机的发展前景预测

目前中国洗衣机市场正进入更新换代期，市场潜力巨大。预计2004年洗衣机生产量将达1 800万台左右，增长率在5%~6%之间，国内销量为1 500万台左右，增长率在3%~4%之间。早在2003年有人曾经预言，中国洗衣机市场将进入“滚筒时代”。然而，纵观过去的2003年，滚筒洗衣机却并没有像人们所预计的那么乐观，波轮式洗衣机仍牢牢占据国内市场80%多的份额。据中华全国商业信息中心对全国重点大型零售商场的销售统计，2003年12月，家用全自动洗衣机销售同比增长17.1%，而滚筒洗衣机销售同比下降44.1%。2004年中国洗衣机市场的最新的市场容量预测报告显示，波轮机市场份额占94.1%，而滚筒洗衣机仅占5.9%，曾被寄予“厚望”的滚筒式洗衣机始终“曲高和寡”。

一、国情分析

按照洗涤方式的不同，洗衣机可分为滚筒式、波轮式、搅拌式三种，欧洲只有滚筒式洗衣机，而搅拌式洗衣机在北美十分盛行，波轮式洗衣机则在中国等亚洲地区占有绝对的市场地位。这三种洗衣机有各自的优势，也各有各的缺点。

业内人士指出，生活消费习惯是制约滚筒洗衣机在中国市场发展的瓶颈。中国人所需要的高洗净比、省电、省时、方便的功能特点，在滚筒洗衣机上难以体现。在不少用户的眼中，曾因追求时髦而花不菲价格买来的滚筒洗衣机，在生活节奏越来越快的今天实在让人难以恭维。洗一次衣服需要2个小时，稍微脏一点的衣服就很难洗干净，而残留在衣物上的洗衣粉又难以漂洗干净，为了不让残留的洗衣粉损伤皮肤，许多人只好再重新洗一次。滚筒机的耗电量更是惊人，以5千克全自动洗衣机为例，普通滚筒机洗一次衣物耗电为1.7度，就算世界上最好的滚筒机洗一次衣物耗电也要0.95度，而普通波轮机洗一次衣物仅为0.135度。由于采用摔打洗涤，滚筒机洗涤力不强，为提高洗净度，只好采用“加热+浸泡”洗，但由于长时间加热浸泡使衣物容易串色，成为用户挥之不去的烦恼。另外，即使通过加热，滚筒洗衣机的洗净程度也不十分理想，不少用户在和滚筒机“亲密接触”后，不得不再掏钱买一台小的洗衣机。

滚筒洗衣机在中国市场打不开局面的另一个主要原因是波轮洗衣机的飞速发展制约了滚筒洗衣机的市场。近几年，无论从产品性能、规格、型号等方面，细分市场的波轮机让滚筒洗衣机没有任何发挥的空间，甚至有的厂家现在已经推出综合波轮、滚筒、搅拌式洗衣机优点于一身的洗净比高、磨损率低、不缠绕的新一代洗衣机。而现在，人们的消费心理越来越成熟，已经从开放初期那种攀比的心理，逐步形成以适用、经济为主要购买趋势的消费习惯。在这种大环境之下，滚筒洗衣机被国人冷落也就情有可原。

二、概念炒作的底牌

从全球来看，国内外厂家纷纷在滚筒洗衣机上大做文章，其中一个主要原因就是滚筒洗衣机是洗衣机市场利润来源的主体，据了解，3 000 元以上的高档滚筒洗衣机，其利润率比中低档洗衣机要高出40%～80%。诱人的“蛋糕”，迫使中外品牌纷纷剑指高端，使滚筒市场空前活跃。

目前滚筒产品名目繁多，如可以“衣物自检”、“自选档”、人工智能洗涤、纳米技术、可以设计万余种排列组合程序供洗涤选择等。但专家指出，滚筒机被冠以高科技产品、高价格的背后，却是拿波轮机早已普及的技术来进行概念炒作，像所谓的“自选”、“自检”等实际上就是普通全自动波轮机的高、中、低水位选择，波轮式全自动洗衣机从20世纪80年代就已存在，早在10年前就有厂家开发出多水位选择；而所谓的人工智能洗涤，就是波轮洗衣机早已用滥的模糊控制技术，据介绍，这种能按照衣物重量、质地自动设定水位、选择洗衣程序的模糊技术在变通波轮全自动洗衣机上早已普及。

说到底，从技术发展角度来看，滚筒洗衣机实际上是波轮洗衣机技术的“跟随者”。滚筒洗衣机的功能概念炒作，在暴露出其技术上“尴尬”的同时，更为其发展带来不堪承受之痛。

三、滚筒时代有多远

2003年国内滚筒洗衣机市场，洋品牌率先掀起降价狂潮，有的甚至采取战略性亏损策略，低价快速切入中国市场占位。国内知名洗衣机厂家也在全国42个城市发起普及风暴，将其滚筒洗衣机的价格下调至低于其他品牌同档次产品价格400～600元。然而，滚筒洗衣机的门槛降低，并没有激发消费者的购买欲望，反而暴露了其可观的利润空间。昔日昂贵的“高科技”产品已不再让人们雾里看花，市场的成熟促使公众理性消费观念的提高，也决定了滚筒洗衣机高利润时代终结的开始。

权威专家一针见血地指出，不论是滚筒洗衣机，还是波轮洗衣机，只是洗涤方式不同，随着人们消费观念的日趋成熟，消费者最终只青睐能否洗得更干净、洗得更快、不磨损衣物、不缠绕衣物、省水节能的洗衣机。预计随着中外品牌将新技术不断武装到波轮洗衣机上，滚筒洗衣机将继续受到打压，很难“滚”出中国市场的春天。人们所预言的“滚筒时代”，恐怕还有很长的一段路要走。

【评析】

第一段是前言，点明了预测对象是滚筒洗衣机，并提出滚筒洗衣机的发展前景始终“曲高和寡”，市场占有率将很低。主体部分对预测对象进行了分析，提出滚筒洗衣机不适合中国国情，以及滚筒洗衣机并没有高出波轮机很多的技术含量。最后作出结论指出，随着市场的成熟和公众消费观念的提高，滚筒洗衣机的市场销售现状一时还很难改变。

【病例】

全国洗衣机产销趋势预测

你厂想扩大洗衣机生产吗？请看看全国市场的趋势，目前真可以说是“产销两旺，形势大好”。据了解，最近召开的全国家用电器××年下半年供应会议上，多数客户需要不能满足，一般只能订到需求量的60%左右，大都乘兴而来，扫兴而归。十二届三中全会以来，城市改革逐步深入，城乡人民的生活将会越来越好，过去人们不买洗衣机的主要原因之一就是居住条件差，这个问题也会逐步解决。再加上引进技术，提高质量，预计再经过一段时间，市场上可能出现一个新的更兴旺的局面。今明两年的需求量分别将为700万台和1 300万台左右，总产量将在世界上独占鳌头，首屈一指。根据近三年的规律，城镇家庭普及率平均每年增长7%左右，每增加1%约相当于40万台洗衣机，即1年约需增加300万台。乡村家庭普及率每年增长0.3%～0.4%，每增加0.1%约相当于18万～20万台洗衣机，即年须增加70万台左右，仅就这一方面分析，全国城乡每年约平均增加380万～400万台。

目前洗衣机总体说是畅销的，具体来看可有特点，即：名牌供不应求，杂牌销售不畅；双缸机趋紧，单缸机趋缓。竞争中取得优势的产品，必须是大批量、多品种、低成本、高质量。一些生产名牌洗衣机的厂家也各有一套“秘诀”：如上海“水仙”价廉物美，以新取胜；北京“白兰”加强售后服务，做好信息反馈工作；广东“威力”灵活销售方式，广开流通渠道。根据各地材料汇总表明，引进技术有重复的趋势，不少洗衣机厂都向日本松下和东芝两家公司引进技术，购买模具，国内模具技术不过关，重复引进难以控制。

另一方面，今年预计生产规模将达到869万台，超过计划建设数。“七五”期末生产规模将达到2 000万台，也大大超过前述的预测需求量。因此，有关领导部门对洗衣机的技术引进应严加控制，要在现有基础上逐步形成日益扩大的生产能力，并在花色品种和产品质量上多下功夫。

【评析】

这篇经济预测报告存在的主要问题是：

1. 材料不充分，分析不严密，缺乏科学性。从全文内容看，是要预测今明两年全国洗衣机的产销趋势（这一点交代得不够明确），为此，要摆出充足的资料和数据，说明今年以前全国洗衣机的产销情况及相关的材料，但该文在缺乏充足材料的情况下作出分析预测，其结论就难以令人信服。

2. 结构混乱。预测报告应有的几个组成部分划分不明显，说明现状同预测分析混为一谈。如倒数第二段讲洗衣机销售现状及特点，应移至开头部分。全文应分条列项，使条理更清楚。

3. 语言有失当之处。“独占鳌头”、“首屈一指”，语义重复。开头为设问句，类似广告语，不合语体要求。个别句子不通顺，如“具体来看可有特点”，应改为“具体来说有如下特点”。

【相关知识】

常用的两类经济预测方法

1. 定性预测法，也称为判断预测法、经验预测法，即依据预测者掌握的知识和经验，取得同预测对象相关的各种因素的历史和现状资料，并在对这些资料加工整理、分析研究的基础上，判断预测对象的未来情况的预测方法。它主要包括三种方法：

（1）购买意向调查法。即预测者向商品的可能或潜在消费者直接了解，询问他们在未来一定时间内的购买意向所使用的方法。

（2）专家意见法，又称“德尔菲法”。一般是选择一定数量的专家，用系统的程序，采取不记名和反复进行的方式，轮番征询不同专家的预测意见。经过几轮征询反馈，使专家的意见逐步趋向一致，从而得出一个比较一致的预测结果。这是近年来较为盛行的一种预测方法。

（3）业务人员估计法。将经营人员、销售人员所掌握的第一手资料统计、归纳起来，在一定的决策层进行分析、比较、研究，最后确定一个中间值作为预测值。

2. 定量预测法，即根据已掌握的比较完备的数据资料，运用统计方法，按照一定的数学模式推导出未来经济发展的前景和变动趋势。具体有模拟预测法、平均数预测法、因果预测法等。

运用定量预测法必须掌握足够的数据，否则会使预测失误。它的优点是比较客观，不受预测者主观倾向的影响，但由于市场的随机性、变化性很大，有些预测单凭数字是不够的。而定性预测法简单易行，但缺少量的说明，结论包含的主观因素较多。所以，在实践中，两种预测方法常常是结合使用的。

【小测试】

1. 什么是经济预测报告？它有什么作用？

2. 经济预测报告的特点是________、________、________。

3. 写作经济预测报告要对预测资料进行计算、预测，常用的预测方法有________、________、________。

【特别提示】

经济预测的程序为：确定预测目标→搜集整理资料→选择预测方法→进行科学测算→写作预测报告。

第四节 经济活动分析报告

一、经济活动分析报告的含义

经济活动分析是以国家的有关方针政策为指导，根据计划指标、会计核算资料和各种调查统计资料，对经济活动进行分析研究、作出正确评价的过程。经济活动分析报告是在分析的基础上写出来的书面材料。

二、经济活动分析报告的作用

1. 及时反映情况。一是可以反映人们在经济活动中执行国家各项经济政策、法规的情况；二是反映本地区、本部门、本单位从事经济活动的效益。

2. 加强监督。国家工商、财政、银行、税务、审计等部门通过经济活动分析报告，可以了解和发现各种经济活动是否按国家的有关政策规定、有关立法进行，从而加强对各个经济活动单位的监督，保证市场经济健康发展。

3. 总结经验教训。尽可能地提高经济效益是一切经济活动的目的。要达到这一目的，进行经济活动的单位都必须经常对已经进行了的经济活动作一些分析，总结成绩，找出存在的问题和差距，从而有针对性地制订切实可行的办法，使今后的经济活动收到更好的效益。

三、经济活动分析报告的特点

1. 评估性。经济活动分析报告是以一定的法律、政策或计划为依据，运用科学的方法来考察经济运行的情况，或肯定成绩，或揭示问题。总之都必须对特定的经济活动作出客观的、准确的评估，使经营不断得到改善，促进整个社会的经济发展。

2. 分析性。经济活动分析报告在评估的基础上，还必须对成绩或问题进行深入的分析研究，以探求经济运行的客观规律，提出有建设性的建议。

3. 指导性。经济活动分析报告所分析的结果及其经验教训，对克服消极因素，找到解决办法，提高管理水平和经济效益等方面，有着积极的指导意义。

四、经济活动分析报告的种类

经济活动分析报告按分析对象所在的部门划分，有工业、农业、服务业、财政、金融等各种经济活动分析报告。而每个部门的分析报告，还可以分得更细；按所分析的时间划分，有定期分析、不定期分析、预期分析（亦称“预测分析”）等几种；按分析的内容划分，有综合分析报告和专题分析报告。无论按什么标准来划分，经济活动分析报告的内容是最重要的，因为经济活动分析报告的作用由报告的内容反映出来。因此，下面重点介绍综合分析报告和专题分析报告。

1. 综合分析报告。这是对某一分析对象在一定时期内经济活动完成的各项经济指标作全面、系统、总体的分析后写成的报告。如对某一企业的生产、销售、成本、资金、资产、工资、利润、劳动生产率等方面的经济指标进行全面系统的分析，指出其成绩或不足，提出合理化建议及改进意见。然而，综合分析报告绝不是各部分分析的简单汇总，分析时应有重点，其重点在于分析对经济效益好坏起主导甚至决定作用的方面。综合分析报告一般用于季度、年度等定期分析。

2. 专题分析报告。这是抓住经济活动中某一个专项或某一个专门问题进行深入细致的分析后写成的报告。这种报告往往是根据需要选择某个直接影响经济效益甚至决定经济效益好坏的问题进行分析解剖。其特点是涉及面小，内容集中，重点突出，分析透彻，对指导经济活动效果明显。专题分析因使用灵活，一般用于不定期分析。

五、经济活动分析报告的分析方法

（一）比较分析法

有比较才能有鉴别，通过比较才能分出好坏、优劣、先进或落后。一经比较，就能对经济活动作出一般的结论和评价，因此这是经济活动分析普遍使用的方法。但是这种方法只能给人总体的认识，还不能揭示经济活动结果的内在原因。比较法一般从下面三个方面进行：

1. 比计划。即经济活动实际完成的指标与计划规定要完成的指标进行比较。通过比较可以看出完成任务进度的快慢，评价经济活动形势的好坏，从而找出进度快慢、形势好坏的原因，以便及时采取措施，确保经济活动目标的实现。

2. 比历史。即经济活动实现的指标与上期、同期或某一特定时期进行比较。通过比较看出成果的大小，进步还是后退，评价经济活动现状的好坏，以便找出形成进步或后退的原因，采取有效的对策，使经济活动保持良好的发展势头。

3. 比先进。即经济活动实现的指标与效益最好的同类经济活动所实现的指标相比较。通过比较看出是先进还是落后，找出与先进的差距，从而给自己提出更高的要求，向更高的目标发展。

（二）因素分析法

因素分析法是一种探寻和揭示影响经济活动效益各种原因及影响程度的更深层次的分析方法。经济活动分析的目的是为了使未来的经济活动更好地进行，因此，只有揭示出影响经济活动效益的各种原因及其影响程度，才能研究出可行的对策，采取有效的改进措施，使未来的经济活动提高到一个新的高度。在进行因素分析时要注意的是分清主次、内外结合、主客观结合，也就是在寻找影响经济活动效益内部的和外部的、主观的与客观的各种因素时，要找出主要因素，而且要更重视分析内部的、主观的因素。分析必须实事求是，以客观事实为依据，辩证地分析问题。

（三）预测分析法

预测分析法是更高层次的分析方法。因为比较分析和因素分析是人们对所从事的经济活动完成和终结后带总结性的分析，而预测分析法则是人们对所要进行的经济活动在开展之前所作的分析。它是根据有关的历史和现实的资料，找出经济活动的运行规律，在此基础上，通过推断，对未来的经济活动的状况、目标作出评估，以供领导层进行决策。要作出准确的、科学的预测，要求分析人员具有更高的专业知识水平，要求分析人员能洞悉过去、熟悉现在、预测未来。

六、经济活动分析报告的写作方法

经济活动分析报告一般由标题、正文、署名三部分组成。

（一）标题

经济活动分析报告的标题由“分析单位名称＋时间＋分析报告的类别”组成，如《××汽车制造厂2001年上半年财务分析报告》，定期分析常用这种标题。

标题还可采用“分析对象＋分析内容＋分析”的形式，如《我国当前地区经济运行的基本特征分析》。

（二）正文

正文包括导语、主体、结尾三部分。

1. 导语。一般用高度概括的语言介绍经济活动的总形势以及分析对象的基本情况（用基本数据），提出要分析的问题，有的还表明分析的目的。有的分析报告没有导语，而把导语的内容安排在分析说明中。写不写导语应视写作需要具体情况而定。

2. 主体。分析要根据目的要求，紧扣中心，结合具体情况，围绕重点内容，做到重点突出，层次清楚，主次分明，辩证地分析问题。分析要深透，对经济活动作出的评价、判断必须准确。

分析材料一般都是将文字和数字结合使用，其结构有的先列表（或列举数字）后分析，有的先说明后列数字给予证实，有的则文字与数字穿插进行。分析中的数字一般通过对比说明经济活动效益好坏程度，而文字一般分析形成经济活动成败的各种原因。

3. 结尾。是在分析的基础上提出意见和建议，基本写法是提出采取什么措施、解决存在问题的方法。

（三）署名

如果作者单位名称已写在标题中，则全文结束后只在右下方写上写作时间即可；标题中如果没有写作者的单位名称，则在报告结束后先写单位名称再写上写作时间。

七、经济活动分析报告的写作要求

1. 分析问题与解决问题相结合。解决问题、提高效益是经济活动分析报告的目的。除了对经济活动进行分析、提出看法作出恰当的评价外，报告还必须提出解决问题的途径、办法、措施，提出有针对性的意见和合理化建议。

2. 对关键问题和主要原因进行分析。任何经济现象、经济问题的出现和存在都不是孤立的，与其他现象和问题存在着广泛的联系。因此，在进行经济活动分析时，就必须在众多的矛盾中寻找影响和制约效益增长的主因，抓住这个解决问题的关键。然后，针对这一主因和关键，研究对策，找出解决办法。关键问题一经解决，其他问题也就不难解决。

3. 必须注意材料、数字的可比性。比较法是写分析报告的基本方法之一，在使用这种方法时要十分注意材料与材料之间、数字与数字之间能不能比较。如一双鞋与一尺布价格哪个贵哪个便宜是不能比的，因为二者不是同类产品。可比性首先必须有参照物，而参照物必须是恰当的。

【例文】

工商银行××分行降低不良贷款分析

过去几年我行的不良贷款严重制约了银行业务的发展，但今年以来由于采取了得力的措施，我行实现了不良贷款的大幅下降。截至今年10月底，我行不良贷款比年初减少1.81亿元，不良贷款比例下降7.92个百分点。1—10月实现大幅度减亏，比去年同期减亏613万元，减幅达19.5%。

不良贷款的大幅下降主要得益于以下几个因素：

第一，今年我行进一步完善风险监控预警机制，建立“双向控制、提前预警、落实到位”的风险监控办法，将风险监控落实到每一户、每一笔、每一天和每一个责任人。监控预警由过去风险管理科一个部门负责变为信贷科和风险管理科共同把关、同时进行，实行双向控制，防止监控预警漏洞。今年1—10月，我行发出预警通知书99份，涉及贷款265笔，金额77 562万元。由过去只预警不控防转变为预警、控防、整改三到位。每月对预警通知书落实情况进行检查考核，对新形成不良贷款的分支机构进行通报批评，并限期整改，不能按期整改到位的，追究有关人员责任。

第二，对过去由于种种原因已经形成的不良贷款，加大清收的力度。今年我行在对不良贷款形成原因进行调查排队的基础上，实行一厂一策、一笔一策、多法并举。过去由于信贷人员违章违纪、放松贷款条件发放贷款，形成了大量不良贷款，清收盘活这部分贷款必须落实责任人，实行责任清收。今年初我行对因工作不负责任、管理松懈、“三查”制度不落实而形成的不良贷款，逐户逐笔落实清收责任人，对责任人实行绩效挂钩、停职或下岗清收，在限期内不能清收的责任人予以免职或解除劳动合同等处理。今年我行对35户企业共6 681万元的不良贷款实行责任清收，现已收回11户共4 676.5万元。与此同时，充分发挥员工的积极性，对于长期难以收回的呆账贷款进行公开奖励清收，按不良贷款实际清收额的一定比例给予重奖。

第三，清收不良贷款的同时，依据国家产业政策及金融政策，从企业经营效益、信用等级、发展前景等方面对企业进行综合评价，支持帮助企业搞活经营，提高效益，及时归还逾期贷款，实现银企“双赢”。

我们建议：明年我行应继续以清收和降低不良贷款为突破口，建立起一套有效的激励机制和完善的内控制度，为盘活资金存量，为银行业务的进一步发展打好基础。

【评析】

从本文可以看出，××工商银行降低不良贷款之所以取得较大成效，原因有三点：完善风险监控预警机制（防止形成新的不良贷款）、加大清收力度（收回由于历史原因形成的不良贷款）、帮助企业发展使之有能力及时归还逾期贷款。

全文主体部分采用的是因素分析法。此文开首一段用的是对比分析法：今年与往年相比——往年不良贷款严重制约银行业务发展，今年不良贷款大幅下降；不良贷款减少的数额是与年初比较，减亏的幅度与去年比较；最后提出了明确的建议。本文分析透彻具体，内容充实，语言简明。

【病例】

××纸厂11月份财务情况分析

一、利润

（一）基本情况

11月份实现利润66 876.89元，累计实现利润435 205.73元，上年同期累计实现利润890 251.24元，比上年同期减少了455 045.51元，降低了51.1%。

（二）实现利润增减因素

利润增加的因素：

1. 产品销售价格提高（扣除包烟纸降价因素）使利润增加37.8万元（包烟纸降价减少利润10.5万元）。

2. 税金变化、免税因素使利润增加22.4万元。

3. 烟纸销售数量增加使利润增加8.2万元。

4. 其他因素使利润增加1.8万元。

合计增加利润70.2万元。

利润减少的因素：

1. 产品成本提高使利润减少90.9万元。

2. 打孔纸销量下降使利润减少15.7万元。

3. 营业外支出增加（退休统筹基金）使利润减少9.1万元。

合计减少利润115.7万元。

增减利润相抵使利润比去年同期降低45.5万元。

二、成本

产品	单位成本	本期累计
打孔纸	5 622.72	5 826.68
激光纸	7 169.57	6 807.73

三、资金情况

	本期	累计
定额流动资金周转天数	201天	195天
定额流动资金平均余额	342万元	296万元
定额流动资金期末余额	353万元	
期末储备资金余额	56万元	
期末成品资金余额	132万元	

四、存在问题及分析

1. 利润比上年同期减少的主要因素是产品生产成本的提高，主要是因为原材料价格上涨。

2. 打孔纸销售数量低于去年同期160吨，使利润减少了15.7万元。

3. 成品资金占用高达132万元，使定额流动资金占用额增加、周转天数延长。

××纸厂财务科

××年×月×日

【评析】

这篇经济活动分析报告存在的主要问题是：

1. “基本情况”过于简单，且只涉及利润方面，而非概述该单位财务活动总的情况。

2. 主体部分数字罗列多，分析少。全文只就利润增减因素作了分析，其余如“资金情况”等只列出数字，均未作分析。末段“存在问题及分析”应先指明问题再分析，不能混为一谈。分析内容有重复。

3. 没有针对存在的问题提出改进的意见或建议。

4. 缺少会计报表等附件。

【相关知识】

经济活动分析报告与调查报告写作内容上的区别

经济活动分析报告只着眼于经济活动，要求根据会计、统计、计划、生产核算和调查到的其他经济资料，对企业生产或流通过程中各项指标完成情况进行计算、分析、比较，它强调的是从调查对象本身出发去分析其经济效益和社会效益。不同的经济活动有不同的技术指标的构成，有不同的分析要求和不同的计算方法，专业技术性较强。

调查报告的内容虽然也与科技、经济活动联系较紧密，但所涉及的范围要比经济活动分析报告广泛得多。调查报告重在解剖麻雀，通过典型找出普遍规律，以点带面地去指导全局的工作。

【小测试】

1. 经济活动分析报告中比较分析法有以下几种比较（　　）。

A. 比计划指标　　B. 比前期指标　　C. 比行业规范指标

D. 相关指标比较　　E. 指标构成比较

2. 下面的指标比较各属哪种比较，选出恰当的项目填入空白处。

（1）用本期实际完成数与行业主管部门制定的指标相比较，找出差距。________

（2）用本期实际完成数和计划指标相比，检查计划执行的程度，从而确定分析的主要问题。________

（3）将两种性质不同但又相关的指标进行比较（如将流动资金占用与产品销售收入相比计算流动资金周转率，反映资金利用效果），从中反映经济活动的状态。________

（4）用本期实际完成数与上期或上年同期完成的指标数相比，或与本单位历史最好水

平相比，从中反映经济活动的现有水平。________

（5）有的经济指标由几个部分构成，计算一个或各个部分占总体指标的构成比率，反映出各部分对总体的作用及发展变化。__________

【特别提示】

经济活动分析报告的注意事项

1. 注重分析。经济活动分析报告不能只罗列现象、堆砌数字，而要透过现象抓本质，分析原因，揭示经济活动的客观规律。

2. 资料可靠。经济活动分析报告要充分利用计划、报表、凭证、账册等有效数据进行分析。

3. 措施实在。经济活动分析报告的写作目的不仅在于了解已经发生的情况，而且还在于明确今后的行动，因此措施要切实可行，具体实在。

第五节　市场调查报告

一、市场调查报告的含义

市场调查报告，是将市场调查中获得的各种有关市场现状、商品流通、销售方面的信息，市场对产品的需求、发展趋势等材料，进行归纳整理，运用科学的方法综合分析，得出恰当的结论，提出合理的建议而写出的书面报告。

二、市场调查报告的特点

1. 针对性。为了引导市场健康发展，保护消费者的权利，保障企业的运营，市场调查报告的调查者和写作者必须实事求是，有针对性地调查市场营销的各个环节，以便掌握市场的动向，为指导消费服务。

2. 科学性。市场调查报告是在占有大量现实和历史资料的基础上，用叙述性的语言实事求是地反映市场客观经济发展规律。要用敏锐的眼光、独到的见解，及时地为企业或主管部门提供决策性的建议。

3. 实践性。市场调查报告的写作，是在经济理论的基础上，在商品流通领域的实际运用中，有针对性地解决市场的实际问题，所提出的建议需要得到市场实践的检验。所以要对核实无误的数据和事实进行严密的逻辑论证，探明市场发展变化的原因，得出科学的结论。

三、市场调查报告的种类

1. 按调查范围分：有国际性的市场调查、全国性的市场调查、地方性的市场调查。

2. 按调查对象分：有消费者的市场调查、生产者的市场调查。

3. 按调查时间分：有经常性的市场调查、定期性的市场调查、临时性的市场调查。

4. 按调查内容分：有商品市场调查、金融市场调查、投资市场调查、房地产市场调查等等。

四、市场调查的方法

1. 询问法。用口头或书面形式向被调查者进行调查，获取一定资料的方法。如电话、问卷、座谈会等。

2. 实验法。用试行销售的方式进行调查，如展销会、订货会等，多用于新产品上市、老产品的包装改变等。

3. 观察法。用亲临现场的方法观察消费者和销售者等情况，了解购买意向和对商品的意见以及销售者的服务态度等。

五、市场调查报告的写法

调查报告一般由标题和正文两部分组成。

（一）标题

标题可以有两种写法。

1. 规范化的标题，即“发文主题”加“文种”，基本格式为“××关于××××的调查报告”、“关于××××的调查报告”、“××××调查”等。如：“关于杭州私家车主构成的独立调查”。

2. 自由式标题，包括陈述式、提问式和正副题结合使用三种。

（1）陈述式：如《皮革服装在××市场畅销》；

（2）提问式：如《××玩具为何如此热销》；

（3）正副标题结合式：正题陈述调查报告的主要结论或提出中心问题，副题标明调查的对象、范围、问题，这实际上类似于“发文主题”加“文种”的规范格式，如《苦练内功——关于企业扭亏问题的调查报告》等。

（二）正文

正文一般分前言、主体、结尾三部分。

1. 前言。有如下几种写法：

（1）写明市场调查的起因或目的、时间和地点、对象或范围、经过与方法，以及人员组成等调查本身的情况，从中引出中心问题或基本结论来。

（2）写明市场调查对象的历史背景、大致发展经过、现实状况、主要成绩、突出问题等基本情况，进而提出中心问题或主要观点来。

（3）开门见山，直接概括出市场调查的结果，如肯定做法、指出问题、提示影响、说明中心内容等。

2. 主体。这部分详述市场调查研究的基本情况、做法、经验，以及分析市场调查研究所得材料中得出的各种具体认识、观点和基本结论。一般由三方面内容组成：

（1）基本情况，即对调查结果的描述与解释说明，可以用文字、图表、数字加以说明。对情况的介绍要详尽而准确，为下一步做分析、下结论提供依据。

（2）分析与结论，对上述情况数据进行科学的分析，找出原因及各方面因素的影响，透过现象看本质，得出对调查对象的明确结论。

（3）措施与建议，通过对调查资料的分析研究，对市场情况有了明晰的认识。针对市场供求矛盾和调查发现的问题，提出建议和看法，供领导决策参考。

3. 结尾。结尾的写法也比较多，或呼应开头；或总结全文的主要观点，进一步深化主题；或提出问题，引发人们的进一步思考；或展望前景，发出鼓舞和号召。如主体部分已言尽，则无需结尾。

六、市场调查报告的写作要求

1. 有明确的调查目的，要做好市场调查研究工作。写作前，要根据确定的调查目的，进行深入细致的市场调查，掌握充分的材料和数据，并运用科学的方法，进行分析研究判断，为写作市场调查报告打下良好的基础。

2. 要实事求是，及时发挥效应。写作市场调查报告一定要从实际出发，实事求是地反映出市场的真实情况，一是一，二是二，不夸大，不缩小，要用真实、可靠、典型的材料反映市场的本来面貌。及时反映瞬息万变的市场，以便发挥其应有的作用。

3. 讲究方式方法，充分体现科学价值。运用多种方式方法进行市场调查，根据主旨的需要对材料进行严格的鉴别和筛选，将零碎的材料归类，运用科学的方法对材料进行分析，以便获得有说服力的结论。

【例文】

××市居民家庭饮食消费状况调查报告

为了深入了解本市居民家庭在酒类市场及餐饮类市场的消费情况，特进行此次调查。调查由本市某大学承担，调查时间是2001年7月至8月，调查方式为问卷式访问调查，本次调查选取的样本总数是2 000户。各项调查工作结束后，该大学将调查内容予以总结，其调查报告如下：

一、调查对象的基本情况

（一）样品类属情况。在有效样本户中，工人320户，占总数比例18.2%；农民130户，占总数比例7.4%；教师200户，占总数比例11.4%；机关干部190户，占总数比例10.8%；个体户220户，占总数比例12.5%；经理150户，占总数比例8.52%；科研人员50户，占总数比例2.84%；待业户90户，占总数比例5.1%；医生20户，占总数比例1.14%；其他260户，占总数比例14.77%。

（二）家庭收入情况。本次调查结果显示，从本市总的消费水平来看，相当一部分居民还达不到小康水平，大部分的人均收入在1 000元左右，样本中只有约2.3%的消费者收入在2 000元以上。因此，可以初步得出结论，本市总的消费水平较低，商家在定价的时候要特别慎重。

二、专门调查部分

（一）酒类产品的消费情况

1. 白酒比红酒消费量大。分析其原因，一是白酒除了顾客自己消费以外，用于送礼的较多，而红酒主要用于自己消费；二是商家做广告也多数是白酒广告，红酒的广告很少。这直接导致白酒的市场大于红酒的市场。

2. 白酒消费多元化。

(1) 从买白酒的用途来看，约52.84%的消费者用来自己消费，约27.84%的消费者用来送礼，其余的是随机性很大的消费者。

买酒用于自己消费的消费者，其价格大部分在20元以下，其中10元以下的约占26.7%，10~20元的占22.73%，从品牌上来说，稻花香、洋河、汤沟酒相对看好，尤其是汤沟酒，约占18.75%，这也许跟消费者的地方情结有关。从红酒的消费情况来看，大部分价格也都集中在10~20元之间，其中，10元以下的占10.23%，价格档次越高，购买力相对越低。从品牌上来说，以花果山、张裕、山楂酒为主。

送礼者所购买的白酒其价格大部分选择在80~150元之间（约28.4%），约有15.34%的消费者选择150元以上。这样，生产厂商的定价和包装策略就有了依据，定价要合理，又要有好的包装，才能增大销售量。从品牌的选择来看，约有21.59%的消费者选择五粮液，10.795%的消费者选择茅台，另外对红酒的调查显示，约有10.2%的消费者选择40~80元的价位，选择80元以上的约5.11%。总之，从以上的消费情况来看，消费者的消费水平基本上决定了酒类市场的规模。

(2) 购买因素比较鲜明，调查资料显示，消费者关注的因素依次为价格、品牌、质量、包装、广告、酒精度，这样就可以得出结论，生产厂商的合理定价是十分重要的，创名牌、求质量、巧包装、做好广告也很重要。

(3) 顾客忠诚度调查表明，经常换品牌的消费者占样本总数的32.95%，偶尔换的占43.75%，对新品牌的酒持喜欢态度的占样本总数的32.39%，持无所谓态度的占52.27%，明确表示不喜欢的占3.4%。可以看出，一旦某个品牌在消费者心目中形成，是很难改变的，因此，厂商应在树立企业形象、争创名牌上狠下工夫，这对企业的发展十分重要。

(4) 动因分析。主要在于消费者自己的选择，其次是广告宣传，然后是亲友介绍，最后才是营业员推荐。不难发现，怎样吸引消费者的注意力，对于企业来说是关键，怎样做好广告宣传，消费者的口碑如何建立，将直接影响酒类市场的规模。而对于商家来说，营业员的素质也应重视，因为其对酒类产品的销售有着一定的影响作用。

（二）饮食类产品的消费情况

本次调查主要针对一些饮食消费场所和消费者比较喜欢的饮食进行，调查表明，消费有以下几个重要特点：

1. 消费者认为最好的酒店不是最佳选择，而最常去的酒店往往又不是最好的酒店，消费者最常去的酒店大部分是中档的，这与本市居民的消费水平是相适应的，现将几个主要酒店比较如下：

泰福大酒店是大家最看好的，约有31.82%的消费者选择它，其次是望海楼和明珠大酒店，都是10.23%，然后是锦花宾馆。调查中我们发现，云天宾馆虽然说是比较好的，但由于这个宾馆的特殊性，只有举办大型会议时使用，或者是贵宾、政府政要才可以进入，所以调查中作为普通消费者的调查对象很少会选择云天宾馆。

2. 消费者大多选择在自己工作或住所的周围，有一定的区域性。虽然在酒店的选择上有很大的随机性，但也并非绝对如此，例如，长城酒楼、淮扬酒楼，也有一定的远距离消费者惠顾。

3. 消费者追求时尚消费，如对手抓龙虾、糖醋排骨、糖醋里脊、宫爆鸡丁的消费比较多，特别是手抓龙虾，在调查样本总数中约占26.14%，以绝对优势占领餐饮类市场。

4. 近年来，海鲜与火锅成为市民饮食市场的两个亮点，市场潜力很大，目前的消费量也很大。调查显示，表示喜欢海鲜的占样本总数的60.8%，喜欢火锅的约占51.14%，在对季节的调查中，喜欢在夏季吃火锅的约有81.83%，在冬天的约为36.93%，火锅不但在冬季有很大的市场，在夏季也有较大的市场潜力。目前，本市的火锅店和海鲜馆遍布街头，形成居民消费的一大景观和特色。

三、结论和建议

（一）结论

1. 本市的居民消费水平还不算太高，属于中等消费水平，平均收入在1 000元左右，相当一部分居民还没有达到小康水平。

2. 居民在酒类产品消费上主要是用于自己消费，并且以白酒居多，红酒的消费比较少，用于个人消费的酒品，无论是白酒还是红酒，其品牌以家乡酒为主。

3. 消费者在买酒时多注重酒的价格、质量、包装和宣传，也有相当一部分消费者持无所谓的态度。对新牌子的酒认知度较高。

4. 对酒店的消费，主要集中在中档消费水平上，火锅和海鲜的消费潜力较大，并且已经有相当大的消费市场。

（二）建议

1. 商家在组织货品时要根据市场的变化制定相应的营销策略。

2. 对消费者较多选择本地酒的情况，政府和商家应采取积极措施引导消费者的消费，实现城市消费的良性循环。

3. 由于海鲜和火锅消费的增长，导致城市化管理的混乱，政府应加强管理力度，对市场进行科学引导，促进城市文明建设。

（资料来源：宿春礼：《市场推广管理文案》，经济管理出版社2003年版）

【评析】

该调查报告调查目的明确，结构完备，内容上条理清晰。在调查分析部分材料充分和数据翔实，并运用科学的方法，进行分析研究判断，文字严谨，表述准确。在结论和建议部分措词清晰、明确、具体、得当，有利于商家和城市管理者进行相应的政策和策略调整。

【相关链接】

问卷调查内容设计的主要步骤：

1. 把握调查目标和主题；
2. 确定所需资料、数据及来源；
3. 设计、编制问卷内容；
4. 确定问卷流程和编排；
5. 进行问题评估和修改；
6. 可行性测试和再修订。

【技能训练】

1. 市场调查报告的主体构成有哪些内容？
2. 怎样拟写市场调查报告的标题？
3. 根据目前市场消费，拟写一篇市场调查报告。
4. 针对目前中职生对手机的使用，拟写一份中职生手机的问卷调查。

第六节 财务情况说明书

一、财务情况说明书的含义

财务情况说明书，是财会人员对企业一定会计期间内的财务活动、资金周转、利润实现及分配等情况的综合性分析、总结的应用文。

各企业应依据《企业财务会计报告条例》（国务院令第287号）和《企业国有资本保值增值结果确认暂行办法》（国资委令第9号）等有关规定，对本年度的经营成果、财务状况和国有资本保值增值等情况进行总结，以财务指标和相关统计指标为主要依据，运用趋势分析、比率分析和因素分析等方法进行横向、纵向的比较、评价和剖析企业经营过程中的利弊得失，客观反映企业财务状况及发展趋势。

二、财务情况说明书主要内容组成

（一）企业生产经营的基本情况

1. 企业主营业务范围和附属其他业务，纳入年度财务决算报表合并范围内企业从事业务的行业分布情况；企业从业人员、职工数量和专业素质的情况；未纳入合并的应说明原因。

2. 按业务板块详细说明本年度生产经营情况，包括主要产品的产量、业务营业量、销售量（出口额、进口额）及同比增减量，在所处行业中的地位，如按销售额排列的名次；经营环境变化对企业生产销售（经营）的影响；营业范围的调整情况；新产品、新技术、新工艺开发及投入情况。

3. 对企业业务有影响的知识产权的有关情况。

4. 开发、在建项目的预期进度及工程竣工决算情况。

5. 经营中出现的问题与困难，以及需要披露的其他业务情况与事项等。

（二）利润实现、分配及企业亏损情况

1. 主营业务收入的同比增减额及其主要影响因素，包括销售量、销售价格、销售结构变动和新产品销售，以及影响销售量的滞销产品种类、库存数量等。

2. 成本费用变动的主要因素，包括原材料费用、能源费用、工资性支出、借款利率调整对利润增减的影响。

3. 其他业务收入、支出的增减变化，若其金额占营业总收入 10%（含 10%）以上的，则应按类别披露有关数据。

4. 同比影响其他收益的主要事项，包括投资收益，特别是长期投资损失的金额及原因；补贴收入各款项来源、金额，以及扣除补贴收入的利润情况；影响营业外收支的主要事项、金额。

5. 利润分配情况。

6. 利润表中的项目，如两个期间的数据变动幅度达 30%（含 30%）以上，且占报告期利润总额 10%（含 10%）以上的，应详细说明原因。

7. 税赋调整对净利润的影响，包括有关税种和税率调整、享受税收优惠政策退税返还等数额。

8. 会计政策变更的原因及其对利润总额的影响数额，会计估计变更对利润总额的影响数额。

9. 亏损企业户数、亏损面、亏损总额及其同比增减额，按企业改组改制、产品滞销、成本费用加大、管理不善等原因对亏损企业户数及亏损额进行分析。

（三）现金流动管理情况

1. 经营、投资、筹资活动产生的现金流入和流出情况。

2. 与上年度现金流量情况进行比较分析。

3. 逐项说明对本年度现金流产生重大影响的事项。

（四）资产负债构成及变动情况

1. 资产、负债、所有者权益项目中，如两个期间的数据变动幅度达 30%（含 30%）以上，且占报表日资产总额 5%（含 5%）以上的，应明确说明原因。

2. 资产结构分析，详细说明应收账款、其他应收款、存货、长期股权投资等项目的变化及增减原因。

3. 负债结构分析，详细说明长期借款、短期借款、应付账款、其他应付款等项目的变化及增减原因，带息负债规模、融资成本的变动情况等。

（五）重大事项说明

对兼并收购、重大资产处置、债务重组、改制上市、资产重组等重大事项进行详细说明。

（六）企业本年科技投入和支出情况，环境保护和生态恢复支出情况，节能减排支出情况。

（七）风险管理情况

1. 风险治理的组织架构情况，是否成立各风险管理委员会或设立相关职能部门，风险管理委员会部门的该部门的运转情况。

2. 风险管理制度，是否制订相关制度和规定，即包括对各种风险的来源、正式风险治理组织和科学的监督流程及其定期复核制度，以及在严格职责分离、监督和控制基础上各相关业务部门、高级管理人员和风险管理职能部门之间的沟通和协作等，说明此类管理制度的实施情况。

（八）针对本年度企业经营管理中存在的问题，下年度拟采取的改进管理和提高经营业绩的具体措施，以及业务发展计划。

三、财务情况说明书的写法

1. 标题。

一般由单位名称、时限和文种组成。如《××超市2010年度财务情况说明书》。

2. 正文。

（1）开头：概述背景、工作方针、重点工作内容、经营成果等内容。

（2）主体：具体对财务、成本、资金、利润等方面财务状况进行分析说明（可采用分条列项式的说明）。

（3）结尾：通常不写结尾，如需结尾，可写改进工作措施。

四、财务情况说明书的写作要求

1. 条理清晰，准确无误。
2. 严谨科学，简明扼要。
3. 通俗易懂，用语规范。

【例文】

财务情况说明书

一、企业概况

××化工厂，性质为国有企业，属于一般纳税人，本企业共设两个基本生产车间，其中一车间生产A产品，二车间生产B、C两种产品，各种产品生产为单步骤大批大量简单生产，材料生产开始时一次投入，本年生产A产品100箱，其中完工50箱；生产B产品105箱，完工45箱。企业在职职工共计240人，法定代表人刘大林。本年企业销售A产品90箱，销售B产品80箱；本年在财产清查中，发现盘亏木箱4个，成本80元；盘亏机器一台，原价80 000元，已提折旧76 000元；本年末企业资产总额为：6 155 664.20元，负债：2 127 317.85元，所有者权益：4 028 346.35元，本年所取得的所有者权益及负债总额6 155 664.20元，其中主营业务利润：1 920 000元，营业利润：934 815.06元，利润总额：954 315.04元，上交国家所得税308 323.96元；取得净利润为645 991.08

元，向投资人分配净利润163 044.78元。与年初相比，企业的净资产额增加1 415 681.20元，负债增加1 462 417.85元，所有者权益增加-46 736.65元。

二、企业本年所采用会计政策说明

本企业在××年度会计核算采用科目汇总表登记总账处理程序，使用汇总方法，为每半月汇总一次，开户银行所规定的库存现金金额为3 000元，各部门科室和个人备用金采用一次报销制。企业在存货核算中，甲乙两种材料采用计划成本核算，其他存货采用实际成本核算法。对实际成本计价法核算的发出存货核算方法，采用先进先出法，包装物领用时采用一次摊销法。企业固定资产折旧采用分类折旧率计提折旧。本厂职工工资按计时工资制，并按14%计提福利费，按2%计提工会经费，按1.5%计提教育费。企业采用备抵法来核算坏账，并计提坏账准备金，于年末按应收账款余额5‰来计提坏账准备金金额。在产品成本中选用品种法，在计算产品成本中，将总成本在完工产品与在产品之间分配，采用约当产量法，并确定在产品的完工程度为50%。企业对长期投资中的股权投资采用成本法核算，收入的确认标准严格按照国家统一会计制度规定标准确认。在会计核算中遵守国家会计制度规定的13项原则，并按照《财务会计报告条例》的规定编报会计报表，并按期向信息需求人报送会计报表。

三、企业主要财务指标分析和说明

（一）企业偿债能力分析

1. 流动比率：

本企业流动比率=流动资产/流动负债=2 880 064.2/927 317.85×100%=310.58%

评价：与传统流动比率为200%比较，本企业流动比率高于传统模式，说明本企业短期内偿债能力强。

2. 速动比率：

本企业的速动比率=速动资产/流动负债

=（2 880 064.2-1 442 391.34）/927 317.85×100%=155.04%

评价：与传统速动比率最优模式100%比较，本企业速动比率比大表明企业近期内偿债能力强。

3. 现金比率：

本企业现金比率=现金+短期投资/流动负债

=（960 498.31+227 200）/927 317.85=1.28

评价：现金比率反映企业随时还债的能力。但是现金比率并非越高越好。现金比率过高反映了企业不善于利用现金资源，没有把现金投入经营。相反，现金比率过低则反映出企业支付流动负债的困难。

4. 资产负债率：

本企业资产负债率=负债总额/资产总额=2 127 317.85/6 155 664.20=0.357

评价：如果资产负债率大于50%，小于80%，证明企业的资本结构优；如果大于80%，说明企业的负债不合理，风险大；小于50%，说明企业负债也不合理，表示企业所有能力运用负债经营给企业带来更多利润。

（二）企业营运能力分析

1. 应收账款周转率次数 = 赊销净额/应收账款平均余额

= 3 280 000/131 545 = 24.93（次）

应收账款周转天数 = 365/应收账款周转次数 = 14.64（天）

评价：应收账款周转次数越高，周转天数越短，说明企业收回账款的速度越快，资产的流动性越强，资金周转状况越好。但是应收账款周转次数过高，周转天数过短，则说明企业的赊账条件过于苛刻，只赊销给信誉良好的客户，而信誉不好或资金暂时紧张、不能严格按时付款的客户则被拒之门外，这样就会限制销售量的增长，从而影响企业的收益。如果应收账款周转次数过低，或周转天数过长，则说明企业应收账款催收不利，或是赊销条件太宽，这样不利于企业充分利用资金。所以考察应收账款的回收速度，必须与企业的赊销条件相结合。

2. 存货周转次数 = 主营业务总成本/平均存货成本 = 1 360 000/1 257 695.67

= 1.08（次）

存货周转天数 = 365/存货周转次数 = 365/1.08 = 337.96（天）

评价：存货周转次数越大，存货变现速度就越快，企业经营状况就越好。在存货水平一定的情况下，存货周转次数越高，企业的销售成本越高，表明企业的销售能力越强。反之，则说明企业的销售能力就越弱。

3. 流动资产周转天数 = 主营业务收入/流动资产平均余额

= 3 280 000/2 648 482.1 = 1.24（次）

评价：流动资产周转次数是分析流动资产周转情况的一个综合性指标，这项指标越高，说明流动资产周转速度越快，相对地节约资产数额越大。而延缓周转速度，需要补充流动资产参加周转，形成资金浪费，相对地降低了企业的资金使用效率。

4. 总资产周转次数 = 主营业务收入/资产平均总额

= 3 280 000/5 450 282.10 = 0.60（次）

评价：这一比率可用来分析企业全部资产的使用效率。如果这个比率较低，说明企业利用其资产的效率较差，会影响企业的获利能力，企业应该采取措施提高销售收入或处理废旧不用资产，以提高总资产利用率。

（三）企业盈利能力分析

1. 销售利润率 = 税后利润/主营业务净收入 × 100%

= 639 391.08/3 280 000 × 100% = 19.5%

评价：是企业实现的税后利润与主营业务净收入的比率。说明每 1 元的销售收入会带来多少利润。

2. 成本费用利润率 = 营业利润/营业成本费用总额 × 100%

= 934 815.06/2 387 615.58 × 100% = 39.09%

评价：成本费用利润率是衡量企业营业成本费用获利能力的指标。这项指标提高，表明在成本费用一定的情况下，实现了更多的利润，或者表明在利润总额一定的情况下，降低了成本费用，或者表明在增加利润的同时又降低了成本费用。这项指标降低，则说明企业的成本费用升高，利润水平下降。

3. 资本金利润率 = 利润总额/资本金总额 × 100%

= 934 815.06/3 352 000 × 100% = 28.36%

评价：这项比率是衡量企业资本金获利能力的指标。资本金利润率提高，所有者的投资收益和国家的所得税就增加。

4. 所有者权益报酬率 = 净利润/所有者权益平均余额 × 100%

= 639 391.08/4 054 173.18 × 100% = 15.95%

评价：对所有者来说，这个比率很重要。这个比率越大，投资者投入资本获利能力越强。

四、总结说明

通过以上企业概况介绍和主要财务指标分析及报表相关数字显示，我厂的经营优势是：

1. 从总体上看本企业产品成本下降浮度比较大，其原因在生产过程中通过开源节流，材料耗资下降，人工工资及单位成本降低，企业应总结经验，企业应继续加强成本核算管理。

2. 企业采用谨慎原则，对应收账款进行核算，防止了坏账给企业带来的损失。

3. 企业的盈利水平提高，无论从盈利的绝对数或相对数都高于社会平均盈利率，表明企业处于成长期。

存在的问题有：

1. 本年度的管理费用畸高，其原因是发生坏账 10 000 元，补提坏账准备，增加了管理费用。企业在今后的生产经营中，应加强对应收账款的管理，制定切合实际的收账政策，降低坏账风险。

2. 企业在甲、乙两种材料计划成本核算中，计划成本的单价与实际有较大差异，建议修订计划成本，重新预测，使得计划成本接近实际水平，同时加强采购过程的管理，防止采购人员人为抬高价格。

××化工厂

××年×月×日

（资料来源：www. youshang. com/speci. ）

【评析】

本文开门见山，对企业生产经营情况进行了简略概述，随即分析了企业主要财务指标，在数据支撑基础上对各项财务指标作了详细说明，避免了数字的文字化，做到了数据翔实，文字简练，分析到位。不仅能满足内部管理的需要，还可以满足企业外部特别是投资者和债权人对本企业了解、考核、评价和监督的要求。

【技能训练】

1. 根据上面的例文，说说该文反映了哪些基本内容，其结构特点是什么？

2. 根据所学的《基础会计》的有关知识，拟写一篇财务情况说明书。

第七节　企业减免税申请书

一、企业减免税申请书的内容

税收减免，是指根据国家一定时期的政治、经济、社会政策的要求，对生产经营活动中的某些特殊情况给予减轻或免除税收负担。对应征税款依法减少征收为减税；对应征税款全部免除纳税义务为免税。

对纳税人应纳税款给予部分减少或全部免除，是税收优惠的重要形式之一。

企业减免税申请书，是指企业根据国家税收法规，可以享受相关减免税优惠政策，企业为此而向税务机关提交的减免税申请报告。

二、企业减免税申请书的结构

根据企业减免税的性质，稍微有所不同，但大部分就包括以下几部分：

1. 标题。如“关于享受××税收优惠的申请报告”、“关于申请××免征税的报告”等等。

2. 行文对象。即主管税务机关。一般可以写“××国家（或地方）税务局××分局”。

3. 企业实际情况。这里主要说明企业申请享受税收优惠时，符合享受条件的具体情况。比如，享受条件中有残疾人员数量要求的，则可写明企业招收的残疾人员的数量。又如，需要销售收入条件的，则可以写明销售收入指标。总之，写清符合享受条件的各项指标。

4. 相关法律依据。比如，“根据××规定，符合××条件的，可以享受免征××税”。一般写明文件名称、发文机关、文件字号、法律条款。如果这些内容确实无法取得书面文件的，也可以就大致内容简要的写上一笔。比如“新办的第三产业申请企业所得税减免，可根据财税字［1994］001号文件，新办第三产业可申请减免税一至两年，其他的减免税也要写出响应的政策依据。”

5. 申请内容。也就是提出申请要求，如，“根据这一规定，我公司符合上述条件，特向贵局申请××税的优惠政策。望予批准为盼。”

6. 企业名称（加盖公章）及日期。

三、写作企业减免税申请书应注意的问题

1. 申请的事情要实际求是，申请的条件要符合政策，申请的理由要充分。

2. 申请的事情和理由要写清楚，便于税局能透彻地了解申请者的意愿、要求和具体情况，以便研究处理。

3. 以叙述为主，用消极修辞，语言准确、简洁、朴实。

【例文】

××公司关于减免××年所得税的申请书

××区国税局：

我公司是于××年×月成立的××类企业，目前仍处于企业自身筹备和市场开拓之中。依据财政部、国家税务总局《关于企业所得税若干优惠政策的通知》（财税发［1994］1号），对新办的独立核算的从事公用事业、商业、物资业、对外贸易业、旅游业、仓储业、居民服务业、饮食业、教育文化事业、卫生事业的企业或经营单位，自开业之日起，报经主管税务机关批准，可减征或免征所得税1年。故特此向各位主管部门申请“减免××年度的企业所得税”事宜，请给予批准。

申请人：××公司

××年×月×日

（资料来源：长大导航应用文，http：//www. chddh. com/yingyong/）

【评析】

这份减免税申请书格式规范，逻辑严密，行文简洁。开篇即点明自身企业的属性和现实情况。随后写明减免税的相关政策依据和理由，在此基础上提出申请诉求“减免××年度的企业所得税”，理由与所申请事项之间逻辑关系密切。整篇文告一气呵成，意思明了，值得学习借鉴。

【特别提醒】

申请减免税，不管国税局还是地税局，都是按照国家税务总局《减免税管理办法》的规定执行的。申请减免税，不但要提交书面申请，还要填写《减免税管理办法》上所附的《纳税人减免税申请审批表（一）》和《纳税人减免税申请审批表（二）》。

一般来说，书面的减免税申请要将《表一》和《表二》上面涵盖的内容全部写出来，如纳税人名称、企业性质、坐落地、经营项目、经营状况、收入、成本、费用、利润、职工情况，缴纳的税费情况，申请减免税理由、政策文件依据，申请减免期限等等。

在提交减免税申请的同时，还要提供《表一》和《表二》，以及纳税人营业执照和税务登记证复印件、法人及经办人身份证复印件、银行存款证明、申请减免税当期的财务报表以

及税务机关要求提供的其他证明性材料。《纳税人减免税申请审批表（一）》和纳税人减免税申请审批表（二）》可以到主管地方税务机关索取，也可以通过国家税务总局网站下载。

【技能训练】

1. 企业减免税申请书的内容有哪些？

2. 模拟写一篇企业减免税申请书，无法代替的用“××”表示。

第八节 经 济 新 闻

一、经济新闻的含义

经济新闻是新闻学科的一个重要分支，是对经济活动中新近发生、发现或变动着的有价值的事实的及时报道。它既与一般的新闻报道有共同之处，即两者都是利用网络、报纸、广播、电视等媒体传播最新的典型事实，但同时又有其个性，表现在它主要是侧重对具有经济价值的事实进行报道。

二、经济新闻的作用

1. 指导作用。经济新闻能迅速传达、贯彻党和国家的经济政策、法规，宣传经济建设中的新事物、新成就、新经验，以此引导经济活动的正确进行。

2. 信息作用。经济新闻报道大量经济信息。企业的生产和管理都离不开对经济信息的掌握，它能帮助企业搞活经济，发展生产，作出正确决策，提高效益。

三、经济新闻的特点

1. 真实性。这是经济新闻必须遵循的基本原则之一。经济新闻的真实性主要是指它所反映的事件真实可靠，所引用的数字准确无误，所作出的判断和评价实事求是，既不能道听途说，也反对夸大渲染。

2. 时效性。“今天的新闻是‘鲜鱼’，昨天的新闻是‘死鱼’，前天的新闻是‘鱼干’。”经济新闻的时效性主要表现在“迅速”和“适时”两个方面。

（1）“迅速”是指经济新闻要将经济活动中新近发生的新闻事件尽可能快地报道出去。迅速及时的经济新闻报道不仅会对实际工作起到指导和推动作用，甚至可能对整个经济局势产生重大影响。

（2）“适时”是指经济新闻的报道要适合时宜。经济新闻的快或慢不是绝对的，要依社会效果如何而定。如果“火候”不到，为快而快，尽管它是当天的最新消息，也会降低它的新闻价值，影响宣传效果；相反，如果时机适宜，虽然是一则过去的“旧闻”，也会成为有针对性、有使用价值的新闻。

3. 思想性。经济新闻必须要有思想性，要能在思想上给读者以正确的引导和启迪。在报道经济活动、传播经济信息时，它应该体现或反映国家的财经方针、政策，反映人民群众在经济生活中的愿望、要求和呼声。

4. 流通性。经济新闻传播的经济信息，只有扩散于经济社会，才能产生经济效益。信息资源具有增值性，信息的流通将使同样的信息量为更多的人所掌握，从而可以转化为更大的经济效益。正因为如此，经济新闻的写作应该积极挖掘经济信息资源，并通过报道加速扩大其流通。

经济新闻的种类很多，可分为动态经济新闻、综合经济新闻和述评性经济新闻等。

四、经济新闻的写作方法

经济新闻一般包括标题、导语、主体、背景、结尾五个部分。

（一）标题

新闻的标题应当概括和提示新闻的内容，帮助读者尽快了解新闻的内容和意义，同时还应起到吸引读者、先声夺人的作用。

1. 三行标题。三行标题也称“完全式标题”，这种标题信息含量丰富，宣传声势宏大，常用于报道重大的经济新闻。三行标题由引题、正题和副题三部分组成。引题在正题之上，用于揭示新闻事实的性质或意义，或交代背景、说明原因、烘托气氛，以引出正题；正题，又称“主题”，用于概括新闻的主要事实或中心思想；副题居于正题之下，用以补充正题内容的不足，如进一步说明事实等。例如：

换手87%创近年新股换手之最　距发行价上涨118%　（引题）
北京华联昨高价亮相　（正题）
该股高定位对市场有积极意义　（副题）

2. 双行标题。

（1）由正题同引题构成的双行标题。例如：

“的哥”忙学外语　商家纷纷打出入世价　入世图书成为宠儿　（引题）
古城街头飘出浓浓“世贸味”　（正题）

（2）由正题同副题构成的双行标题。例如：

灞桥工商捣毁一“黑心棉”窝点　（正题）
扣缴成品黑心棉被210条　（副题）

3. 单行标题。单行标题即只用一个正题的标题，例如：

河南订单农业快速发展

（二）导语

导语就是经济新闻开头的第一段或第一句话，一般是用最精练的语言，写出经济新闻中最重要、最新鲜、最有吸引力的事实，或者将新闻事实的中心思想概括出来，从而统领全篇，引发读者阅读兴趣。

导语的写法较多，常用的有以下几种形式：

1. 叙述式。以平易、朴素的叙述方式，概述主要的新闻事实，这种写法多用于动态经济新闻。例如：

“近年来，在全国各大城市的银行中，各种形式的理财项目令人眼花缭乱。然而，记者在采访中却发现，银行推出的理财服务项目虽多，口号虽响亮，但实际上却是热而不火。”

2. 描写式。以既简洁又形象的描写方式，突出报道对象的特点，或通过场景描写，渲染气氛，烘托主题。导语采用描写式，显得生动、有情趣，可以给人留下深刻的印象。例如：

“据乌鲁木齐市生产资料公司提供的信息，截至10月底，新疆已有12万头毛驴乘上东去的火车，浩浩荡荡进入嘉峪关，奔向全国十几个省市自治区。”

3. 提问式。通过矛盾的揭露、问题的提出，引起人们的注意和思考，然后再在主体部分给出答案。例如：

“这个几百万人口的大城市，每天要产生两千七百多吨垃圾，但街道却常年保持着整洁。这样大量的垃圾是怎样处理的？不久前记者随同垃圾清运车目睹了这个紧张战斗的过程。”

4. 引论式。引用与新闻内容相关的人物的言论，点明新闻的中心，给读者以启示。例如：

任何产品的质量问题对生产企业来说或许只是百分之几、千分之几，然而对消费者来说却是百分之百。”

（三）主体

主体是新闻的主要部分。是紧承导语，并阐释、说明导语，具体、详尽地表述新闻内容的部分。其结构形式有：

1. 纵式结构。即按照时间顺序写出事件的发生、发展、结束的整个过程，这样可以使读者对事件的来龙去脉，对事件的全貌有一个完整的了解。

2. 横式结构。即按事物的内在联系来组织材料，安排结构。采用这种写法，可以不受时间顺序的限制，而根据报道对象的因果关系、主次关系、点面关系或并列关系等来确定一个合理的写作顺序。

3. 纵横式结构。即在不同的部分或层次之间，有着不同的结构关系，横式和纵式两种顺序并存。这种组织材料、安排结构的方式通常适用于篇幅较长、内容较多的新闻稿。

无论采用哪种结构方式，主体部分都应做到：叙述要有中心，有层次，圆满回答导语中所提的问题。纵式结构应重点突出，防止记流水账；横式结构要弄清事物内部关系，防止堆砌散乱。

（四）背景材料

新闻背景材料是指新闻中与主体新闻密切相关的历史情况、环境条件以及新闻产生的原因等材料。从它的作用看，可分为说明性背景材料、注释性背景材料和对比性背景材料等。

1. 说明性背景材料。这是有关政策环境、历史根源、现实环境以及其他主客观条件方面的材料。例如，新闻《经贸委废止13件部门规章》中下面的文字就属于说明性的背景材料：

“据国家经贸委法规司有关人士介绍，此次废止的13件部门规章共分为两类。第一类是主要内容与法律、行政法规及国家方针政策不相适应的8件部门规章，这些规章的废止从侧面反映了我国法律体系的逐步健全。比如，1993年全国人大常委会通过并公布的《中华人民共和国公司法》颁布后，原来由国务院经济贸易办公室公布的《审批设立全民所有制公司暂行办法》的主要内容与《公司法》不适应，就要废止。此外，这些法规的废止有效地提高了政府部门的依法行政水平。另一类是适用期已过或者调整对象已经消失，实际上已经失效的5件部门规章。”

2. 注释性背景材料。这是对新闻中较难理解的内容，如名称、术语、专业知识等进行介绍注释的材料，如一篇《韩国将增加向发展中国家的贷款》的经济新闻，在说到“韩国发展协作基金”时就使用了注释性背景材料：

“该基金是在1987年创建的，其宗旨是向发展中国家提供工程贷款。到1995年，该基金已将每年的4 751亿元贷款增加到6 017亿元。该基金的贷款利率为2.5% ~5%，最长偿还期为25年，另有7年的延缓期。”

3. 对比性背景材料。通过对比以突出事件意义和新闻价值。例如，《汇款时兴电子提速单据不再全国跋涉》中下面一段就是对比性背景材料：

“据邮政工作人员介绍，目前人们常用的普通汇款、电报汇款等已有百余年的历史，是国内居民小额资金往来的主要渠道。但因为其速度较慢，已逐渐不能适应人们的需要，如普通汇款同一城市要两三天，异地则需一周左右。而将取而代之的电子汇款则是依托邮政综合计算机信息网，从汇款交易受理开始，到汇款信息的传输处理，全过程均由计算机系统控制完成，速度要比普通汇款快上数倍。”

（五）结尾

结尾是一则新闻的收束部分，一般是新闻的最后一段或最后一句话。结尾结得好，可以加深印象，加强新闻的效果。一般来说，结尾只写次要的但又是不可缺少的材料。在有的新闻中，意尽言止，就不必另加结尾。

结尾的写法多种多样。有的抒写感受，发出号召，起到指明方向、鼓舞人心的作用；有的预示未来，引人深思；有的照应导语；有的归结全文。

【例文】

唐太宗六骏图西安引轰动

近日，在西安新闻大厦闪亮登场的“唐太宗六骏图”，为即将到来的新世纪第一个马年增添了一道亮丽的人文风景。首发当日便引起不小的轰动，人们感叹六骏的雄姿和精美，前来咨询订购“唐太宗六骏图”的人络绎不绝，发行点围满了观赏咨询者。

一位姓陈的先生在仔细察看了样品后说：“唐太宗是历史上一个了不起的人物，以他的六匹爱骑作为创作题材，真是创意一绝。”并当即订购了两套。

笔者采访了一位刚买了一套六骏图的戴先生。“您为什么喜欢?”“这个六骏图内涵丰富，做工精细，有实用功能，既可以收藏，也可以美化家居。”这个回答代表了一部分购买者的心态。

一位中年人看了资料和样品后让工作人员给他留十套，还交了一万元定金。还有一位顾客一次要买三套：“快帮我选三个号，我们家有两个属马的。我要将六骏图作为新春礼物送给他们。”这样的例子还很多，场面实在感人。

客观地说，这套工艺品确实有许多独特的地方，创意新颖，做工考究，连一些细节都考虑得非常周到，不愧是现代收藏品中的极品。

“唐太宗六骏图”以国宝文物“昭陵六骏”为题材，主体采用进口纯锡浮雕制作，背景为长城图案，由神态各异的六匹骏马分组构成两幅图案，分别象征着月圆、家圆、国圆的美好心愿，寓意中国人圆了2008奥运之梦，中国足球冲出亚洲之梦和加入WTO之梦。六骏名称上方镶嵌了六颗天然红宝石，寓意六六大顺、红红火火，象征中华民族在新世纪的征途上披荆斩棘、所向披靡、驰骋天下、马到成功。

目前，在北京人民大会堂召开的“唐太宗六骏图”专家鉴赏会暨新闻发布会上，多位领导、专家对“唐太宗六骏图”给予了肯定，并高度赞誉该图的创意、设计和制作工艺。认为“唐太宗六骏图”小中见大，设计巧妙，构图别致，制作精美，整体和谐，体现了一种奔腾激昂的活力和恢弘博大的气度，是现代仿古工艺品的又一经典，具有较高的艺术价值和收藏价值。

资料来源：《华商报》，2001年11月28日。

【评析】

这是一则述评性经济新闻。作者采用夹叙夹议、边述边评的形式，给读者报道了“唐太宗六骏图”面世后受到消费者广泛青睐的新闻事实。

全文共有六个自然段。第一段是新闻的导语，它用简练的文字把新闻中最主要的事实概括地叙述出来；第二、三段以消费者的评价、购买佐证，使新闻报道真实可信；第四段是作者的一段议论，较理性地指明“六骏图”的特色；第五段为背景资料，比较详细地介绍了“六骏图”的设计、寓意、做工、用料等内容；最后一段又借用领导人和专家对“六骏图”的评价升华新闻主题。全文既有报道的事实，又对报道的事实进行了必要的分析解释，同时还发表了自己的见解，有叙有议，叙议结合，是一篇比较规范的述评性经济新闻。

【病例】

瓜果市场前景看好

目前，因为广大人民群众的生活水平不断提高，××县居民的消费习惯发生了十分深刻的、明显的变化。以前人们看病人、走亲戚、送礼待客多数是买糖果，而现在的居民则多数是买瓜果了。自春节以来，水果的销势一直不错。不仅老年人、中年人、青年人爱吃，就连小孩都吵着要吃红亮亮的苹果、黄澄澄的橘子、香喷喷的菠萝、晶莹碧绿的马奶子葡萄、又大又甜的紫葡萄。把卖水果的小商贩乐得合不上嘴。据对该县50户居民的抽样调查，居民今年1月至8月人均消费糖果只有0.51千克，比去年同期的0.80千克下降不少；而瓜果需求量却趋上升态势，今年1月至8月人均消费瓜果达24.5千克，比去年同期增长了许多。

【评析】

这篇例文的主要问题有两个方面：一是语言啰嗦，文字不简明，信息含量少。如“红亮亮的苹果、黄澄澄的橘子、香喷喷的菠萝、晶莹碧绿的马奶子葡萄、又大又甜的紫葡萄。把卖水果的小商贩乐得合不上嘴。”由于描写过多，造成信息感不强。二是文中数据资料不全，今年比去年瓜果消费到底增长了多少，由于去年瓜果的人均消费数据没有，就很难作出准确的判断，其信息的价值就大打折扣。故数据的真实、准确、完整是衡量信息是否具有价值的标尺。

【相关知识】

1. 新闻六 W：即指新闻的六个基本要素：时间（when）、地点（where）、人物（who）、事件（what）、原因（why）、结果（how）。它们构成一则新闻最基本的内容。

2. 新闻的特性。包括：时效性，接近性，反常性，显著性，人情味，冲突性，影响性，有用性，娱乐性，激励性，特殊兴趣和社区现象与问题（科学、商贸、宗教、特殊群体），趋向性（影响读者生活的问题现状、趋向，如犯罪率、社会问题、生活现象）。

【小测试】

一、填空题

1. 经济新闻，是对经济活动中______或______有价值的事实的及时报道。
2. 经济新闻的特点是________、________、________、________。
3. 经济新闻的类型可分为________、________、________、________。
4. 述评经济新闻也叫________，是一种________、以叙为主兼有________的新闻体裁。
5. 经济新闻的写作内容，一般包括________、________、________、________和________五个部分。

二、简答题

1. 经济新闻的标题有哪几种写法？各写出一例。
2. 经济新闻的导语常用的有哪些类型？
3. 什么是新闻背景材料？常见的有哪些类型？
4. 经济新闻的主体部分常用什么样的顺序组织材料、安排结构？

【特别提示】

要“用事实说话”

用事实说话是新闻写作最基本的原则。所谓“用事实说话”，就是通过新闻事实本身向读者阐明某种思想和观点或传递信息。作者的倾向性要通过事实自然而然地表达出来。

综合练习

1. 根据合同写作要求，修改下面的合同条文。

建筑工程合同

上海××机械厂（以下简称甲方）与××省××县建筑公司（以下简称乙方）经双方商订协议如下：

一、工程内容：甲方原有厂房（均系平房）4 000 平方米，现扩建 8 400 平方米，其中拆除 2 000 平方米，新厂房要求四层钢骨水泥结构（详见图纸）。

二、工程进度：首期工程 3 600 平方米要求在 2010 年 10 底前完成，其余 2 800 平方米在 2011 年 8 月底前全部完成。

三、建筑费用：全部建筑工程费用 140 万元（详见清单），所有建筑材料均由乙方负责采办。订立合同后甲方先付给乙方工程费用 80 万元，余款在厂房建成验收后 10 天内全部付清。

四、紧急责任：厂方如不能按期付款，每超过一天，应偿付建筑公司工程费用总额 1‰的罚金；建筑公司如不能按期完成施工任务，每超过一天，厂方可在工程费用总额中扣除 1‰作为赔偿。

五、本合同一式四份，双方各执两份。

甲方（单位盖章）	乙方（单位盖章）
代表人（签字）	代表人（签字）
××年×月×日	××年×月×日

2. 分析下面这份简短的预测，指出：

（1）它的预测依据是什么？

（2）预测结论是什么？

（3）结论的推断是否正确？

福建白笋干产减价扬

福建著名特产白笋干，为烤笋之上品，历来畅销海内外市场。据调查，今年福建白笋干总产量只有 5 500 吨，比去年减少 10%，比正常年景下降 2 000 吨左右。福建白笋干产量大幅度下降的主要原因：一是今年大部分竹山为生产小年，出笋量减少；二是春笋价好畅销，不少竹农争销鲜笋；三是这两年毛竹价格节节上升，激发了竹农蓄笋养竹的积极性。今年白笋干产量锐减，供求矛盾突出，价格也随之上扬。目前产地成交价一级每千克 13 元，二级 11.5 元，三级 10 元，均比去年同期上涨 15% 左右。预计今年白笋干价格将持续上扬。

3. 选定某一产品的产销情况进行调查测算，写一篇某产品的市场需求预测报告。

4. 经济活动分析报告的写作常采用比较分析法和因素分析法，请运用比较分析法，把表4－1的分析结论填写完整。

表4－1　本年度上半年有关指标对比表

指标	去年上半年	本年上半年计划	本年上半年实际	本年与上半年对比		本年与计划对比	
				差异	百分比（%）	差异	百分比（%）
产量（万箱）	3.8	4.2	4.2	+0.4	+10.5	0	0
售量（万箱）	3.8	4.2	4.0	+0.2	+5.3	－0.2	－4.8
销售收入（万元）	2 000	2 200	2 060	+60	+3.3	－140	－6.4
销售利润（万元）	90	100	86	－4	－4.4	－14	－14
单箱利润（元）	23.68	23.92	21.5	－2.18	－9.2	－2.42	－10.1

从表4－1看出，本年上半年实际与上年同期相比，产量继续______，增长______，销售量增长______，销售收入增长______，但销售的利润____4.4%，单箱利润____9.2%。如与计划对比，除产量计划完成外，其他指标都未完成，特别是销售利润指标比计划______14%，单箱利润下降10.1%。

5. 下面是一篇专题分析报告，写作内容基本符合要求，但在结构形式上段落不分，条理不清。请你将全文划分出导语、主体、结尾三个层次重写出来。改写要求如下：

（1）导语：写明生产计划完成大体情况，并讲明存在问题，引出本报告要分析的内容。

（2）主体：先用一个自然段采用对比法（3月份与2月份对比）写明3月份成本增高的有关数据，再采用因素分析法用一个自然段分析3月份成本增高的原因，各个原因在写作格式上要分条标序号一一写出。

（3）结尾：单独成一个自然段提出几项具体建议。

××印刷厂3月份成本分析报告

××年我厂提出实现年利润250万元的奋斗目标，截至3月底，我厂已完成利润103万元，完成了年计划的33.2%。本月份计划完成得虽好，但生产成本却逐月上升。现对3月份的生产成本作一简要分析。2月份每千印成本为252.7元，百元产值成本为59元；3月份每千印成本305.5元，百元产值成本70元；3月份千印成本比2月份增加52.80元，百元产值成本增加11元。3月份成本增高的主要原因是纸张价格上涨，2月份787凸版纸每张单价为0.15元，3月份则涨到0.16元，月纸张费用增加2 211.17元。再有，千印油墨费增高。3月份共完成1 725.25千印，消耗油墨352.5千克，共计3 066.20元，多耗油墨68千克。

另外，辅助生产费用和管理费偏高。3月份辅助生产费比2月份增高983.09元，企业管理费3月份比2月份增高494.13元。辅助生产费用增加的主要原因是领用大型工具、设备备件多。企业管理费偏高的原因是购买办公用品和招待费多。鉴于上述情况，我们建议：（1）制定千印油墨消耗定额，把千印油墨消耗控制在0.15千克/千印左右；

（2）建立健全设备的维修、保养制度和工具出库保管制度；（3）企业管理费的支出要严格控制，合理使用。

××印刷厂财务科

××年×月×日

6. 指出下列多行标题中，哪个是引题？哪个是正题？哪个是副题？

（1）垃圾处理实现综合利用

2 吨垃圾 = 1 吨煤

宁波成为第三个“垃圾发电”城市

（2）贵阳税收增量发生转移

新兴产业渐成新动力

（3）个别人欠费，众住户“连坐”

居民呼唤科学合理的水费收管办法

第五单元
日用文书

突出个性　赢得青睐

一家广告公司为了扩大业务进行招聘。参加面试的人已经排了长长的一队，有位年轻人排在第37位。面对众多的竞争者，他在考虑对策。过了一会儿，他拿出一张纸，认认真真地写了一行字，并找到秘书小姐，恭敬地对她说："小姐，我有一条好建议，请马上把它交给你的老板，这非常重要！"秘书小姐尽职地交给了老板。老板看了纸条后笑了，纸条上写着："先生，我排在队伍的第37位，在你看到我之前，请不要作出决定。"当他与老板面试交谈后，他得到了这份工作。

在求职面试中，如果不能给对方留下深刻印象，就很难求职成功。这位年轻人求职中突出了自己的个性，而且正是他的创意，让老板发现了他——广告公司就应该聘用那些善动脑筋、富有创意的人。这位求职者成功地展示了自己的个性和独创精神，从而赢得了老板的青睐，并获得了一份满意的工作。

第一节　求职信　感谢信

一、求职信

（一）求职信的含义

求职信是谋求职位的人向有关单位申请某一职位并希望得到聘用的一种专用书信。随着市场经济的日益发展，人才市场的日益开放，就业竞争日趋激烈。呈现在我们面前的是：各种就业招聘会上来去匆匆的背影，招聘桌前一双双渴望的眼睛、手持录用通知时的雀跃或回家路上的深深叹息。面对市场这只看不见的手，有多少疑问在求职者的脑海萦回：我的工作在哪儿？我怎样才能让用人单位在求职的芸芸众生中选择我？

虽然求职的成功与否关键在于求职者的实力，在于求职者的知识技能、道德品质、精神状态、性格特征、思维方式等方面的综合素质与招聘者需求的适合，但也有一个不容忽视的事实就是：求职过程中的一些因素也直接影响到求职的成败。因为招聘者对求职者并不了解，他们只能通过分析求职者所提供的文字材料、电话谈话、面谈等方式来判断求职者是否就是他们所需要的人。在此情况下，求职者的求职信就显得十分重要了。求职信是求职者向招聘者展现自己素质条件的一个手段、一种工具。如何通过一封短短的求职信更好地表达出求职者的素质条件，是我们学习写作求职信的目的之所在。

（二）求职信的写作方法

求职信在结构上，一般由标题、称谓、正文、结尾和落款五个部分组成。

1. 标题。标题直接标明文种“求职信”，位置在页首居中。

2. 称谓。在标题下一行顶格书写用人单位的名称（须用全称或规范性的简称），也可以是用人单位领导人的名称或泛称（须依据收信人的身份、地位给予恰当的称谓，在其姓名前后加上职务或尊称，如尊敬的校长、总经理等）。

3. 正文。正文是全文的核心部分，其主要内容有：

（1）开头。如果称谓写的是单位名称，就不用写问候语。如果称谓写的是单位领导，就需要加上问候、寒暄语，如“您好”。然后简要地用一句话说明自己的身份，接着明确、具体地提出自己应聘的职位。在这一部分还可以提一下你是如何知道这个单位有这个职位的需求的，这可以让用人单位知道你求职的诚心。

（2）主体。要写明求职者所具备的条件，提出求职的具体岗位名称、职务。求职者所具备的条件是决定求职成败的关键，因此要写得既充分又具体。求职者的条件一般分为两个部分：一是基本情况，二是特长条件。基本情况是求职者的学习经历（指其所学的专业课程和学习成绩）和实践经历（指其所从事的工作和工作成绩，如是刚从学校毕业的学生，可以写在校期间参加社会实践、实习等的经历）。特长条件是指专业特长、工作特长以及其他方面如琴棋书画等的特长。琴棋书画这一方面的特长稍提即可；专业特长可以写专业上的特色，发表过的论文或其他文章，获得过什么奖项等；工作特长可写实际工作能力或有过的社会实践经验等。这一部分主要在于展现自己的与众不同之处，展现自己良好的素质、个性，亦可适当提出任职后的薪金和待遇。

（3）提出面试的请求。说明个人的简历及相关材料（如个人简历、学历证明、奖状等的复印件）已经附上，并委婉提出面试的请求，如“盼望给予面试的机会”等。

4. 结尾。正文写完后，要写上感谢或致敬用语，如“此致敬礼”、“顺祝身体健康”等。

5. 落款。在信末尾的右下方写上“求职人：×××”，然后再注上具体的日期。在落款之后要附上联系地址、邮编、联系电话、电子邮箱等。

（三）求职信的写作要求

1. 要有明确的针对性。就是要针对所求职位的需要写。如所求职位是会计，就要针对会计这个职位写；如所求职位是文秘，就要针对文秘这个职位写。

2. 既有创造，又要真实。创造就是要使自己的求职信能引起用人单位的兴趣，有助于获得工作。真实就是本着对用人单位负责的态度，实事求是地介绍自己的才能，不夸大其辞，自吹自擂，也不妄自菲薄。

3. 态度要诚恳，语言要谦逊。求职人在阐明了自己具有的条件后，要表现出态度的诚恳，语言的谦逊。注意既不能曲意逢迎，又不能傲慢无礼。

【例文】

求职信

尊敬的××经理：

您好！

我是××职业技术学院电算化会计专业即将毕业的学生。我从《××日报》上见到贵公司的招聘启事，得知贵公司因业务发展的需要欲招聘两名会计，特来应聘。

会计在单位里承担着管财、理财，向领导提供财务咨询的任务，是辅助领导管理财务的重要助手。忠于职守、忠于事业的高度责任感，是对会计人员思想品德的最高要求，也是我终生不渝的追求。作为一名电算化会计专业的学生，我热爱这个专业，并在三年的学习生活中为其投入了极大的热情和精力。在求学期间，我参加过严格的计算机操作技能训练，这使我有能力在贵公司这样一家专业化水平很高的单位任职，能熟练运用计算机处理各种会计业务。此外，我还辅修了人际关系和心理学方面的知识，这将有利于我在将来的工作中与公司的客户建立融洽的业务关系。

我曾在××百货公司进行了三个月的会计实习。在实践中我受益匪浅，有了一定的会计工作实践经验。贵公司的事业正欣欣向荣，如能在贵公司工作，我将感到十分荣幸。我将贡献我的所学，与公司同仁一道，为公司作出贡献。

感谢您在百忙之中给予我的关注，热切期盼您的回音。随信附上我的简历、学历证明、成绩单、获奖证书等的复印件。

此致

敬礼

求职人：××

××年×月×日

联系地址：××××××

邮　　编：××××××

联系电话：××××××

E－mail：××××××

【评析】

这封求职信主旨鲜明，开篇针对×公司的招聘启事，明确提出了自己的求职要求。在第二部分，简明扼要地阐述了自己所具备的基本条件和特长。这一部分让招聘者读后既觉得应聘者诚实，又能感受到应聘者的自信。最后应聘者所附上的资料还可让招聘者加深对应聘者的了解，增强对应聘者的信任感。此外，这份求职信的格式正确、完备，称谓恰当，在正文部分对自己的基本情况和特长的描述言语朴实，不虚夸。

【病例】

求职信

亲爱的总经理：

在您百忙之中，冒昧地写信打扰，还请见谅！我见到贵公司的招聘启事，得知贵公司要招聘一名会计，我毕业于××财经大学会计专业，特来应聘。

我的专业是会计，我热爱我的专业。我一直期望毕业后能从事与所学专业相关的职业。在校期间，我学习成绩优良，曾连续三年被评为学院的三好生。我获得了会计从业资格证书，英语通过了国家六级考试，还通过了国家计算机技能考试，能熟练地运用计算机处理各种会计业务。

我很重视社会实践。在毕业前夕，我曾在××商厦进行了为期五个月的会计实习，积累了一定的会计工作经验。在实践中我受益匪浅，实习期结束时，得到了所在单位领导的肯定和同事的好评。我相信，如果我能在贵公司工作，我一定会奉献上我的所学，向前辈学习，与公司同仁携手，为公司的进一步发展尽心尽力而奋斗。

我的简历、学历证书、英语六级证书、计算机技能证书、会计从业资格证书及相关证件、奖状等的复印件随信附上，请查验。如蒙概允给我这次面试的机会，我将十分感激。热切盼望您的回信！

此致

敬礼

求职人：×××

××年×月×日

【评析】

这份求职信有以下几处问题：

1. 称谓中不应该使用“亲爱的”，应该用“尊敬的”。
2. 没有使用问候语。
3. 没有留下自己的联系方式。

二、感谢信

（一）感谢信的含义

感谢信是对某个单位或个人的关心、帮助、支持等表示感谢而写的信。感谢信是一种表示谢意的专用书信，它在表示谢意外还有表扬的意思。所以这种书信可以直接寄给对方或对方所在单位，也可以张贴到对方单位内适宜的公共场所，还可以送到报社刊登或送到电台、电视台等媒体播映宣传以示谢意。

（二）感谢信的写作方法

感谢信的内容一般由标题、称谓、正文、结尾和落款五个部分构成。

1. 标题。在页首居中的位置，直接写上“感谢信”或“致××的感谢信”等字样，字体可以稍大些。

2. 称谓。在标题下一行顶格写被感谢的单位名称或个人的姓名。

3. 正文。

（1）要简练地叙述被感谢单位或个人的好品德、好作风及模范事迹。在叙述的过程中一定要把被感谢的人物、时间、地点、原因、结果及事情的经过交代清楚，重点叙述对方的关心、帮助、支持所产生的效果和意义。

（2）热情地赞颂对方的可贵精神及其影响，表达自己对此事的态度和向对方学习的决心。

（3）要写上表示感激或谢意的用语，如“表示衷心的感谢”等。

4. 结尾。写上致敬等结束语，如“此致敬礼”等。

5. 落款。在结尾下一行的右下方署上单位的名称或个人的姓名，在署名的下方写上发信的日期。

【例文】

感 谢 信

××学院党委会领导同志：

在庆祝建党80周年之际，我们收到了贵院化工系谢天华教授委托其助手李小冰同志送来的为我市儿童福利基金会捐赠的五万元人民币。谢天华教授在今年的5月份刚刚荣获了全国科技发明二等奖。他将获得的奖金五万元人民币全部捐赠给了我市的儿童福利基金会。这种崇高的关心儿童福利事业的精神永远值得我们学习。为此，我们向谢天华教授及其家人和贵院党委会全体同志表示衷心的感谢，并送锦旗一面。

今后，我们一定以谢天华教授为学习榜样，为我市的儿童福利事业作出新的更大的贡献，努力搞好我市的儿童福利工作，以实际行动感谢谢天华教授。

此致

敬礼

××儿童福利基金会

××年×月×日

【评析】

这封感谢信对谢天华教授的事迹写得概括而具体。整封信的文字很简练，评价也恰当，并没有离开感谢的具体内容而空发议论。感谢信的字里行间充满感激之情，并怀着感激之情来叙述、议论和评价，突出了写信人的真诚谢意。

【病例】

感 谢 信

××市百货公司采批站：

你好！

此次我们财会专业六位同学在您站进行毕业实习期间，得到您站全体同志的热情接待和无微不致的关怀。采批站不仅为我们妥善安排了食宿，生活上悉心照顾，在思想素质的提高上更是时时、处处、事事给予我们热情关怀和教导，使我们懂得了许多书本上学不到的知识。使我们在短短一个半月的时间取得了很大进步，达到预期的目的。毕业实习马上要结束了，但是我们在这里所看到、学到的一切将永远激励着我们，成为我们今后工作和学习的动力。在这里我们全组同学再次向您站领导和全体职工表示诚挚的谢意！

此致

敬礼

××年×月×日

【评析】

这份感谢信有三处错误：

1. 在称谓下不必加问候语。

2. 在感谢对方给予的生活照顾和思想素质提高上的关怀后，还应该感谢对方在业务上的指导和严格要求。

3. 在落款上没有属上感谢人的名称。

【相关知识】

1. 一封漂亮求职信是求职成功的“敲门砖”，它可以在你和用人单位见面之前，给人留下深刻的印象，增加面试的几率。为了找出招聘职位与应聘者自身条件的结合点，就要对用人单位及其招聘职位的相关信息进行深入研究。你可以向用人单位索要关于该职位介绍的书面材料副本；可以去该单位网站查询；还可以与用人单位的主管人员或其他有关人员接触，侧面了解。

2. 按照国际惯例，在推荐信的开端推荐人要先行自我介绍。不过，如果推荐人与用人单位比较熟悉，那么推荐人的自我介绍则可以省略。一般而言，推荐人的身份、地位、资质等，反映了一封推荐信的份量。

【小测试】

下面的习惯用语各用在何种书信里，请将选项填在括号里：

1. 如能在贵公司工作，我将感到十分荣幸。（　　）

2. 表示衷心的感谢！（　　）

3. 盼望给予面试的机会。（　　）

4. 这种崇高的精神永远值得我们学习。（　　）

A. 推荐信　　B. 感谢信　　C. 求职信　　D. 慰问信

第二节　倡议书　申请书　邀请函

一、倡议书

（一）倡议书的含义

倡，意为带头发动；倡议，意为首先建议和发起。集体或个人为了完成某项任务，或是为了办好某项公益活动，带头提出一些合理化的建议或措施，向有关方面或群众发出号召，希望共同做到，并用书面的形式写出来，这就是倡议书。

（二）倡议书的写作方法

倡议书一般由标题、称谓、正文、落款四个部分构成。

1. 标题。在页首居中的位置，写“倡议书”。

2. 称谓。在标题下一行顶格写倡议对象的名称，称谓的范围要明确。

3. 正文。

（1）前言。概括、简练地交代发出倡议的背景、目的。

（2）主体。要把倡议的具体内容和要求做到的具体事项一一列举出来。要明确、具体、切实可行。在倡议书中要把倡议的目的、意义说透彻。要写明向谁提出倡议，为什么倡议，倡议做些什么事和谁提出的倡议。倡议的内容要有积极意义，提出的要求和措施既要具有时代性和先进性，又要实事求是，切实可行。

（3）结尾。是倡议者表示自己的决心和向别人提出希望，希望大家响应和支持。

4. 落款。在结尾下一行的右下方署上发倡议单位的名称或个人（几个人）的姓名。在署名的下方写上日期。

【例文】

××市“全民文明礼貌月”活动
先进单位、先进个人倡议书

××市全体市民：你们好！

我们怀着激动的心情，出席了××市“全民文明礼貌月”活动先进单位和先进个人的表彰大会。这是××市第一个“全民文明礼貌月”活动的总结大会，也是今后取得××市精神文明建设更大成果的动员大会。

3月份以来，××市的干部、群众以极大的热情投入到了“文明礼貌月”活动中，集中主要力量治理了“脏”、“乱”、“差”，使××市的环境面貌、社会秩序和服务质量都发生了显著变化。实践证明，开展文明礼貌活动，是改变社会风气，倡导精神文明的一个重要步骤。为了巩固和发展文明礼貌月的活动成果，使之成为全体人民一项行之久远、功效卓著的风俗习惯，并力争经过较长时期的努力，把××市建成“文明礼貌市”，我们向全体市民提出如下倡议：

1. 要继续广泛深入地进行文明礼貌的宣传教育，形成“讲文明礼貌光荣，不讲文明礼貌耻辱”的浓厚风气……

2. 要在治理“脏”、“乱”、“差”的工作中起模范带头作用……

3. 要认真遵守、坚决维护各项文明礼貌措施和规章制度，保证文明礼貌活动的制度化、经常化……

……

××公司××厂

×××　××

××年×月×日

【评析】

倡议书的内容要密切结合当时的形势，体现出时代的特点，时代的精神，换句话说就是要与时俱进。在这份倡议书中，格式完备，标题、正文、落款等要件齐备；在正文的前言部分，精要地交代了发倡议的背景。

【病例】

倡议书

全体共青团员们、同学们：

礼貌，是人类社会文明的产物，是社会进步的一种表现。讲究礼貌、礼节是我国社会改革发展的需要；言谈举止，是一个人思想品德和情操的外在表现。我国是一个文明古国，在广大劳动人民中间历来就有着讲究文明是礼貌的优秀传统。然而，近年来社会上一些青年却错误地视那种缺乏社会功德、不懂文明、不讲礼貌的行为是所谓强者的象征。这些错误想法像公害一样污染了我国良好的社会风气。因此，我们向各中专学校的共青团员和全体同学发出呼吁。我们的倡议书如下：

一、热爱祖国、热爱中国共产党、热爱社会主义制度。

二、努力学习文化知识，牢固树立“振兴中华”为己任的思想。

三、讲文明，懂礼貌，敬老爱幼，不讲脏话，不耍态度。

四、自觉维护公共环境卫生，不随地吐痰和乱扔脏物。

五、遵守法纪，维护公共秩序，不起哄，不打架闹事。

六、爱护学校公共财物，不乱刻乱划课桌椅，不撕毁图书。

七、开展健康的文体活动，自觉抵制淫秽书、画、录音、录像的毒害，反对资本主义思想的腐蚀。

八、自觉维护民族尊严，对待外国友人热情友好，不卑不亢、落落大方。

今天，四化建设的发展不但要求我们要有热情、干劲和高超的技术本领，而且要求人们具有高尚的无产阶级道德观念和品质。因此，我们希望每个青年都来响应我们的倡议。

【评析】

这份倡议书存在以下问题：

1. 没有明确什么呼吁。倡议书的关键是要明确呼吁什么，比如“做一个道德高尚、懂文明、讲礼貌的新青年！”

2. 发出的号召不够响亮。在“我们希望每个青年都来响应我们的倡议”后面还要提出一些具体的内容。

3. 没有署上发出倡议单位的名称及发出倡议的日期。

【相关知识】

倡议书和挑战书的区别

倡议书和挑战书都有带头发起，促使单位和单位、团体和团体、个人和个人之间，相互竞赛、学习，共同进步的作用。但两者在使用时，是有明显区别的。

1. 倡议书比挑战书具有更广泛的群众性。倡议书可以在一个单位、一个部门、一个地区、一个系统，甚至一个国家的范围内发起；而挑战书的使用范围就要小得多。

2. 倡议书没有明确具体的对象；而挑战书的对象却是十分明确的。

3. 人们看到倡议书可以响应，也可以不响应；而被挑战者一般接到挑战书都要作出回应。

【特别提示】

倡议书中有合理化的建议，不能用建议书替代使用。因为建议书主要是面对上级领导或有关部门，而且只是建议，没有带头和发出号召共同去做的意思。而倡议书则可以向一个部门、一个地区乃至于全国范围发出倡议，无确定的具体对象；它还有带头行动，并且号召广大群众共同行动的特征。

二、申请书

（一）申请书的含义

申请书是个人或集体向组织表达某种愿望，或向有关机关、单位和社会团体及其领导提出某种要求时，所使用的一种应用文书。

申请书的用途非常广泛，它大多带有请求批准或要求解决某一问题的意思，在个人或集体向组织或上级机关及其领导表达志愿、希望，提出某一要求时都可以使用申请书。比如，在要求入团、入党、参军；申请开业、分配住房、补贴、参加某项活动，请求承担某一工作等。由此可见，申请书是一种沟通个人与组织、群众与领导、下级与上级之间关系的有效手段。

（二）申请书的写作方法

申请书一般由标题、称谓、正文、结尾和落款五个部分构成。

1. 标题。在页首居中的位置写“申请书”。有的时候则可以根据申请内容标明具体的标题，如“入党申请书”。

2. 称谓。在标题下一行顶格写接受申请书的组织、机关或社会团体的名称或是其领导人的名称（申请书一般不写给个人，所以称谓多为集体或组织的名称），如“××党支部”、“××市税务局”。

3. 正文。

（1）申请什么。向组织或领导具体说明申请的内容。

（2）为什么提申请。即交代写申请书的目的、理由以及自己对这件事情的认识。

（3）申请者表示自己的决心和态度。

4. 结尾。结尾时可加上致敬用语，如“此致敬礼”等。

5. 落款。在结尾下一行的右下方署上申请单位的名称或个人的姓名。在署名的下方写上日期。

【例文】

入团申请书

尊敬的团支部：

在五四青年节来临的时候，我郑重地向团组织提出申请，请求加入中国共产主义青年团。

中国共产主义青年团是党的忠实助手，是一所马克思主义的大学校。在这座共产主义的大熔炉里，培养了一批又一批的先进青年、伟大祖国建设者和捍卫者，铸就了一代又一代共产主义的战士——黄继光、雷锋、张海迪式的人物。

加入共青团是我多年的夙愿。以前我就一直想加入共青团，但是我将我自己和那些优秀的共青团员比较时，就发现自己的缺点很多，相差甚远，因而没有勇气提出请求。近年来，由于得到了团支部成员的关心和热情帮助，我逐渐认识到了我身上所存在的缺乏坚韧不拔的毅力、经不起批评、受不了委屈等缺点，并逐步地加以改进，开始有了进步，我衷心地感谢团组织对我的关心和帮助。

我决心在加入团组织以前，以共青团员的标准来严格要求自己，以优秀的共青团员为榜样，刻苦学习，不断提高自己的思想觉悟和认识水平，争取做一名完全合格的共青团员。

最后，我再一次请求团组织接受我的入团申请，批准我加入中国共产主义青年团，我决不会辜负团组织的期望。

致

最崇高的敬礼！

申请人：××

××年×月×日

【评析】

这是一份标准的入团申请书，格式完备，内容完整。通过以上例文我们可以看到，申请书的篇幅不必过长，只需把所申请的事情和理由写清楚，使接受者能透彻了解申请人或申请单位的意思、请求和具体情况就可以了。一般来讲，申请书是一事一书，内容单一，语言准确，文字朴实，切忌浮泛冗长，故弄玄虚。

【病例】

申请书

××文学社：

我是本校高二（2）班的学生，名叫钱波。我从小酷爱文学，喜欢写作，但收效甚微。为了取得该社的培养和社友们的帮助，特申请加入××文学社，请酌情批准为盼。

此致

敬礼

申请人：钱波

××年×月×日

【评析】

这份申请书存在以下问题：

1. “收效甚微”用词不当，应改为“提高不显著”。
2. “取得该社”应改为“取得贵社”。
3. “请酌情批准为盼”用词不当，应改为“请审查批准”。

三、邀请函

（一）邀请函的含义

邀请函是企事业单位、社会团体或个人在公关礼仪交往中，邀请某单位或个人参加某项活动时所使用的一种礼仪文书，常用于召开庆祝会、纪念会、经验交流会、学术报告会、业务洽谈会、开业庆典等。邀请函从本质上讲就是请柬，只不过是比较复杂的请柬。它除了具有邀请的功能外，还有向被邀请者交代有关事项的功能。所以一份好的邀请函既要有礼节性，更要有事务性和工作性。

（二）邀请函的写作方法

邀请函一般由标题、称谓、正文、结尾和落款五个部分构成。

1. 标题。在页首居中的位置写“邀请函”。有的时候则可以根据邀请的内容加邀请函来构成标题，如“××市××年劳模表彰大会邀请函”。

2. 称谓。在标题下一行顶格写被邀请单位或个人名称。称谓前一定要使用敬语。如果被邀请的是单位，一定要写单位的全称。

3. 正文。

（1）只需写明邀请的缘由即可。

（2）交代清楚受邀请参加活动的时间、地点、内容和相关的注意事项等。

4. 结尾。结尾时一般用一些礼节性用语。如“此致敬礼”、“敬请光临”、“敬请莅临指导”等。

5. 落款。在结尾下一行的右下方署上邀请单位的名称或个人的姓名，在署名的下方写上日期。若是以单位的名义发出的邀请函，则需加盖公章。

【例文】

邀 请 函

××公司：

我公司定于××年×月×日召开公司成立五周年庆典暨××年度订货洽谈会，特邀请贵单位1～2人光临。

这次会议的主要内容是：

第一，举行公司成立五周年庆典，届时××领导将莅临指导。

第二，签订××年度供货合同。

第三，广泛征询各方宝贵意见，密切供需关系。

第四，联络各方感情，建立更为紧密的合作关系。

会议报到日期：××年×月×日8时至20时。

会议报到地点：××市××酒店。

敬请光临，不胜荣幸。外地代表敬请提前一天报到为谢。

××公司（公章）

××年×月×日

【评析】

这份邀请函准确地把握了礼节分寸，措辞简洁、得体，内容表述准确、清楚、流畅，使受邀者看后感到愉快和温暖。从格式上看，各部分内容齐备、规范。

【病例】

吴老师：

您好！我班定于12月30日在本班教室举行迎新茶话会，特邀您参加，希望您百忙之中抽出时间，一定到会。谢谢！

此致

敬礼

班委会谨邀

××年12月28日

【评析】

这份邀请函有四处错误：

1. 邀请函中不必问候，所以可删去“您好”。
2. “12月30日”时间不够具体，应注明会议具体开始时间。
3. “特邀您参加，希望您百忙之中抽出时间，一定到会。谢谢!”应改为“届时敬请光临。”
4. 邀请单位、地点不具体清楚，应写明哪个班级，在哪间教室。

【小测试】

1. 如果你所在学校正在发起“杜绝浪费，勤俭节约”的倡议，谈一谈你会怎样做。

2. ××先生系××大学历史系教授，在中国古代服饰文化方面造诣极高。××大学设计学院拟于××年3月9日的校庆活动中，请××先生到该学院的××楼的多功能厅举办中国古代服饰研究方面的讲座。请你以该学院的名义写一份邀请函。

第三节　声明　启事

一、声明

（一）声明的含义

声明是指单位或个人对于某些问题或重大事件向公众公开表明自己的立场、观点、态度而发表的一种文书。

声明不具有法律权威性和行政强制性。声明即使是由国家政府机构发表，有坚实的法律基础和法定的权威性，但它的目的也仅在于阐释立场、观点、态度，而不是依法行政，要求别国政府和本国群众遵照执行。声明的使用范围很广，但一般没有强制性。无论是国家的声明，社会团体、企事业单位的声明，还是个人的声明，它们的作用无非是澄清事实，希望得到人们广泛的支持和理解。

（二）声明的写作方法

声明的结构一般包括标题、正文、落款三个部分。

1. 标题。标题在页首居中的位置，通常由“事由 + 文种”构成，表明了声明的性质，如“遗失声明”。有些庄严的声明，还要在声明事由前加上发布声明的机关或单位名称。

2. 正文。

（1）声明发布的缘由，也就是为什么要发表声明。

（2）声明所涉及的事实经过。

（3）表明自己对某个问题或事件的立场、观点、态度。

（4）提出自己的主张或建议，这是声明的目的所在。

3. 落款。写上发表声明的单位或个人的名称，以及发表声明的日期。

（三）声明的写作要求

1. 撰写声明要真实。一般写声明都是在陈述事实的基础上表明自己对某个问题或事件的立场、观点、态度；或反驳某些错误观点，或澄清事实、消除误会。所以声明要忠于客观事实，才能获得广泛支持和理解，达到声明的目的。

2. 声明的论点要鲜明、尖锐，论据要充分、有力，论述要清晰，条理要分明。在语言上要简明、准确，不得有半点的含糊和差错，不能使用文学性的语言，更不能用一些夸张、比喻、拟人的修辞手法。要恰当地阐述事实，表明立场，使声明具有广泛的可接受性。

【例文】

声　明

××明珠医院没有与××省任何一家医疗机构合作建立分院，并委托对外销售制剂“××胶囊”。外地邮购者在收到邮购单时，须有××明珠医院印章，若无医院印章视为假冒。如有发现假冒，经查证核实追究法律责任。举报有奖！

举报电话：8080120　　3355691

××明珠医院

××年×月×日

【评析】

这是一则简短的声明，但内容合乎规范。正文部分不长，但对事实的陈述清楚，指出本院从未与任何机构有合作关系，并指出没有明珠医院印章的邮购单皆属假冒。最后表明态度，呼吁消费者检举。声明构成的三个部分完备，叙事简明，态度合理，行文上也比较得体。

【病例】

声　　明
大兴酒店请原会计孙忠、原出纳王双磊回大兴酒店配合进行财务交接，逾期不到造成的一切后果由两人负责，并承担相关法律责任。
××年 11 月 30 日

【评析】

这份声明虽然简洁，但有三处错误：

1. 因什么原因请对方回来进行财务交接没有交代清楚，比如可以加上“为了对前期经营状况进行财务审计”。

2. 要求孙忠、王双磊回来交接的时间没有明确，比如可以写“12 月 2 日前”。

3. 落款上只写了发表声明的日期，没有写上发表声明的单位名称。

二、启事

（一）启事的含义

启事是单位或个人有事需向公众说明解释或者是寻求公众响应、协助办理有关事宜时所使用的一种应用文。

启事的功能就在于让公众知晓，提请公众注意，所以通常借助于各种媒体发布或张贴于适当的公共场所。因此，它主要是通过广播、电视、报纸、杂志、路牌、张贴等方式传播。启事的用途非常广泛，常用于寻人、寻物、遗失、招领、招聘、招生、征稿、征订、征婚、开业、迁址、更名、邮购等方面。

启事主要的特点有以下三个：（1）公开性。启事主要用于向社会公开陈述或说明某一事项，目的在于吸引公众注意，并使之参与其中。（2）不具备法令性，更没有强制性和约束力。看到启事的单位或个人对启事中的事项或要求可作出反应，也可不予理睬。（3）形式多种多样，篇幅短小精悍。

（二）启事的写作方法

启事的种类很多，写法上也是因事而异，但总体来讲，其结构一般包括标题、正文和落款三个部分。

1. 标题。标题在页首居中的位置。标题有三种构成方式：

（1）直接写“启事”二字即可。

（2）由“事由 + 文种”构成，如“招聘启事”、“征文启事”等。

（3）由“发布启事单位＋事由＋文种”构成，如“××市政府公开招考工作人员启事”。

2. 正文。因启事的用途不同，正文内容也有所不同，一般只需把有关的事项叙述清楚即可。比如征文启事，只要把征文的目的、对象、用途、意义，以及文稿的内容、字数、文体等交待明白，并说明征稿的起止时间、投递办法、评奖或选用办法等有关事项即可；招领启事要写清楚拾到物品的名称、时间、地点、认领办法，但是切忌不可写样式和数目，以防他人冒领。

3. 落款。在正文右下方，写上启事单位的名称（要写全称）或个人的姓名，然后再写上日期。

（三）启事的写作要求

1. 启事一般应遵循“一事一文”的原则，一件事情发一份启事。比如，某学校要举办两个征文活动，那么就应该写两个启事，避免混淆。

2. 启事的内容要实事求是，具体清楚即可，如果内容稍多可分项写。

3. 启事的语言要简洁、扼要，篇幅要适当，不宜过长。

【例文】

招领启事

本人于昨晚7点半，路过学校体育馆大门口时拾到一件上衣。衣服的下兜内装有财经方面的杂志两本，上兜内有皮夹一个，内有现金若干，另有其他相关证件。请丢失的同学速到学校研究生院二号楼307室找王伟同学认领。

校研究生院　王伟

××年4月12日

【评析】

这是一则简短的招领启事。符合“一事一文”的原则。在什么时间、什么地点、拾到什么物品的交代也很清楚。为了避免被人冒领，王伟同学有意识地模糊了所拾物品的样式数目等，这是我们在写这一类启事时应注意的问题。

【病例】

寻物启事

本人丢失一个书包，请捡到者交上。

×××

【评析】

这份启事语言十分简洁，但问题不少：

1. 书包的大小、样式、颜色、内装何物以及在何时、何地丢失的，都没有写清楚。

2. 失主的地址、联系方法没写清楚。

3. “交上”一词不妥当，可改为“送还”或由失主前往认领。

4. 应使用礼貌用语，如“非常感谢”、“当面致谢”之类的话。

【相关知识】

1. 如果在标题中已经标出了启事单位的名称，可不必再写。机关、企事业单位的启事除采用电视、报刊等媒体外，张贴或书面送达的要加盖单位公章。

2. 不能将“启事”写作“启示”。“启示”是启发，使人有所感悟的意思，是一个动词；而“启事”只是我们日常所使用的一种应用文体，是名词。

【小测试】

1. 卢湾建材厂遗失了一份转账支票，号码为642199。该厂决定登报声明作废。请代拟一份声明。

2. 指出下面这则启事在形式和内容上的不足之处。

招聘启事

本公司需一名办公文秘工作者，学历大本，有意者请找我联系。

吴铭

【特别提示】

声明和启事的区别

声明和启事都属于登报、张贴、散发的文体。但两者还是有明显的区别：

1. 声明所涉及的问题可以极为重大，范围也可以很广泛；启事所涉及的问题要小得多。

2. 声明的目的在于表态，表明自己一方或多方的立场、观点和态度；启事主要在于解释或说明，以呼吁得到他人的理解、支持和帮助。

综合练习

1. 根据个人实际情况，练习写一封自己的求职信。

写作要求：

（1）在实事求是的基础上，充分展示自己的个人智慧和才能；

（2）格式要规范，语气要谦和，措辞要恰当。

2. 修改下面的病文。

推 荐 信

××学院：

我是××，现在××大学任教，我的研究方向是中国古代教育思想史。

王××是我多年的老朋友，他学识渊博，尤其在中国古诗词方面颇有建树，相关著作很多。除此而外，对现当代文学也有涉猎。其人治学严谨，责任心强，本人推荐他到你校经济系任教，深信必能胜任此职位。

特推荐如上。

××

××年×月×日

3. 李教授一直非常关心农村失学儿童，自1995年以来每年都要给自己的家乡××市×县×乡寄5 000元钱，帮助失学儿童重返校园接受教育。至今用于帮助失学儿童的钱款已有5万元之多。特别是在今年的3月份，李教授把他出版专著所得的版税收入8.6万元一次性全部捐赠给家乡××市×县×乡的中心学校，用于危房改造。请你以××市×县×乡的中心学校的领导和全体师生的名义给李教授写一封感谢信。

4. 请你以所在班级的名义写一份倡议书，在学校发起以“绿色校园、环保校园”为主题活动。建议到图书馆或网上查找相关资料。

5. 某学校团委要举办一次GS的竞技比赛，需要场地和相关费用，请你代团委写一份申请书给相关部门。

6. 某大型集团公司将于5月3日下午两点举行成立五周年庆典，地点定在××酒店三楼的会议厅，届时公司将表彰上一年度业绩优秀的分公司。请你代某大型集团公司发一份邀请函，邀请××教授作颁奖嘉宾。

7. 李先生打算为他念高三的儿子请一个英语家教，请你代李先生写一份招聘启事。

8. 请指出下文的错误之处，并加以改正。

声 明

本人于昨晚拾到书包一只，请有意者速来认领。过时不候。

李 文

6月2日

9. 张同学于4月2日不慎将其学生证遗失，请你代张同学写一份遗失声明。

参考文献

1. 霍唤民主编:《财经实用写作》,首都经济贸易大学出版社2001年版。
2. 倪文锦主编:《语文》(基础版),高等教育出版社2002年版。
3. 张建主编:《应用写作》,高等教育出版社2005年版。
4. 李光主编:《应用文写作实训教程》,科学出版社2004年版。
5. 黄卓才主编:《经济写作》,暨南大学出版社2002年版。
6. 鲁捷主编:《新编财经应用写作》,大连理工大学出版社2004年版。
7. 张秉钊主编:《新编应用文写作》,中山大学出版社2005年版。
8. 刘康乐主编:《财经应用文写作》,中国财政经济出版社2004年版。
9. 杨文丰主编:《现代经济文书写作》,高等教育出版社2002年版。
10. 乔刚主编:《商务应用文写作》,华东师范大学出版社2005年版。
11. 刘惠英主编:《应用文写作指导与训练》,广东高等教育出版社2001年版。
12. 陈少夫、丘国新主编:《应用写作教程》,中山大学出版社2001年版。
13. 竹潜民主编:《应用写作案例实训教程》,浙江大学出版社2004年版。
14. 张金英主编:《应用文写作基础》,高等教育出版社2005年版。
15. 徐萍主编:《会计文案写作技巧与训练》,广东经济出版社2004年版。
16. 《应用写作》杂志,2001—2006年。
17. 郑敬东主编:《现代应用文导写》,重庆出版社2004年版。
18. 闵庚尧、程明主编:《应用写作学》,中国社会科学出版社2005年版。
19. 王桂清等编著:《经济应用文写作》,机械工业出版社2005年版。
20. 陈功伟、谢春玲、冯宝碧:《最新公文写作》,广东人民出版社2001年版。

财政部规划教材

全国财政职业教育教学指导委员会推荐教材

全国中等职业学校财经类教材

应用文写作（第六版）

书名	主编
财经文员实务	林　晓
ERP基础知识	黄　兵
会计基础（非会计专业适用）	肖　燕
经济法律法规	肖　薇　王朝辉
微商运营与创业	黄　威　李　晨
统计基础知识	钟秉盛
社会调查与统计知识（第四版）	钟秉盛
社会调查与统计知识（第四版）习题集	钟秉盛
税收基础知识（第三版）	罗　屏　林进足
纳税实务（第二版）	林进足
经济法基础知识（第八版）	邓连文
职场礼仪（第二版）	邓文云

书名	主编
财政与金融基础知识（第五版）	徐景泰　徐金霞
财政与金融基础知识（第五版）习题集	徐景泰　徐金霞
国家税收（第十版）	杨则文
国家税收（第十版）学习指导与练习	杨则文
应用文写作（第六版）	宋亦佳
团队与个人管理实务（第二版）	肖剑锋
保险基础知识（第三版）	刘沫行
市场营销基础知识（第四版）	黄雪英　冯琪芳
金融基础知识（第七版）	陈炳煌
财税金融基础知识	仲　新
企业管理基础知识（第八版）	冯洪江

ISBN 978-7-5095-7186-6

定价：26.00元